五斗長垣内遺跡とその周辺

学生が子どもたちと一緒に田植え体験

ひまわり祭りの様子

しらない木《き》の実《み》はたべてはいけません

しっている人におしえてもらいましょう

「淡路島木の実カレンダー」（奥井かおり作）「木の実のめぐみ」の授業のあとで児童に配布した

富松一寸そらまめ

岩津ねぎの畑

はじめに

中瀬　勲

わが国における本格的な少子・高齢社会の到来、地球及び地域規模での自然環境問題の激化などに伴い、私たちの社会は大幅な変化を迎えています。このことは、景観づくり、地域づくり、それらのマネジメントに関して、新たな試みや展開を必要としていることは確かです。この時期に、兵庫県立淡路景観園芸学校（兵庫県立大学大学院緑環境景観マネジメント研究科）では、新展開として、２０１８年度に多様な試みを行なってきました。その一つが「ランドスケープからの地域経営」と題した連続公開セミナーです。これらの諸セミナーの内容をシリーズとして出版する運びとなりました。

本巻は、シリーズ第2弾として「植物を活用した地域づくり」のタイトルで出版することになりました。様々なみどりを媒介として地域が元気になる手法や事例を紹介しています。

最初は、台湾の首都、台北市近郊の坪林《ピンリン》という農村集落を舞台に、国立台湾大学の建築・都市農村研究科教授のチャン・シェンリン博士たちが、有機農業によるお茶の栽培を復活させたものがたりです。荒廃しつつあった茶畑を、学生たちと共に再生した事業ですが、その過程で、国立台湾大学が地域協同事業、研究教育活動、特産品開発などとして参加している様子が紹介されています。大学がかかわった地方創生のモデルといえるでしょう。

これに加えて、淡路景観園芸学校の教員が参画した諸プロジェクトが紹介されます。①兵庫県淡路島の五斗長《ごっさ》地区を舞台にした鉄器工場のある弥生時代の遺跡で当時の森を再現する公園づくりの話題、②淡路島島内における子ども達への環境教育、そして、③伝統野菜による地域づくりです。

さらに、兵庫県立人と自然の博物館名誉館長の岩槻邦男氏と山形大学教授の平智氏に、植物園や、だだちゃ豆を活用したまちづくりに関するコラムを執筆いただき、本巻に華を添えていただけました。植物が地域を元気にしていくさまを、ぜひご覧いただきたい！

ランドスケープからの地域経営 2

植物を活用した地域づくり

～農業・景観・学び～

目　次

はじめに　中瀬　勲　1

若者と農村・大学と地域をつなぐ知識縁　張　聖琳　蕭　閎偉　4

五斗長、弥生の森づくり　林まゆみ　23

column 地域と共生する植物園を　岩槻邦男　37

淡路島の里地の小学校における環境教育　澤田佳宏　39

column だだちゃ豆は風景を創るか　平　智　53

伝統野菜で地域おこし　札埜高志　55

おわりに　林まゆみ　70

若者と農村・大学と地域をつなぐ知識縁

張《チャン》 聖琳《シェンリン》、蕭《ショウ》 閎偉《コウジ》

グローカルな若者と農村をつなぐ「知識縁」

張聖琳は台湾大学教授として勤める傍ら、台湾・台北近郊の坪林《ピンリン》というまちに拠点を置き、学生たちとともに「茶栽培家」として活動をしている。中華圏の若者は科挙制度の名残で、勉強・学歴至上主義がＤＮＡに組み込まれている。いい大学に入るために田舎を離れ「上京」することが今でも当たり前だ。しかし、故郷を離れるのは簡単でも再び帰郷するのは難しいという昨今の社会背景の中、若者にはＩターンまたはＵターンで農村に移住してほしいという価値観も定着しつつある。台湾でも「渡り鳥計画」という国の政策を通して、若者のＵターンを奨励してきた。

都市に流出した若者をもう一度農村に呼び戻すＵターン方式が政策の主流であるのに対し、坪林の取り組みの中で我々は、「若者は都市と農村の間で流動する〝知の生態系〟である」と提唱した。つまり若者が自身のライフサイクルに合わせて都市と農村との間で自由に過ごし、自身が意義や興味を感じている方法で都市と農村に繋がることが大切だと考えている。我々が坪林で取り組んできた経験からは、若者による都市と農村との間での交流によって醸成される

「茶栽培家」としての坪林での活動風景

「知識縁」によって繋がれる若者と農村

「知識縁」が重要なモデルと考える。つまり都市と農村とが「知識」という縁によって結ばれることである。我々は農村や故郷を離れた、または都会で育った若者に、農村と縁を結んでほしいと考えている。農村の衰退に伴う若者の故郷離れは坪林で偶然起こったように見えるが、実はグローバル社会の中ではよくある問題である。そのため、若者と農村の「縁を」いかに「結ぶ」かが大切である。京都の綾部に塩見直紀先生を尋ねた時、彼は外から来た人々が綾部で定住することを「結婚」に例えた。彼は、彼らの綾部での「結婚」が、うまくいくようにと常に願っており、そのため塩見氏や「里山ねっと・あやべ」の方々は、移住者と綾部が「離婚」にならないよう、移住者と綾部との出会いから付き合い、さらに「結婚」後も寄り添い、様々なサポートを行っている。とはいえ、10代20代の若者は、まだまだ自身のライフサイクルの中で「探検・冒険」をしている段階なので、一つの地域との「結婚」よりも、どうやってその地域と「出会う」かがもっと重要である。

台湾大学の教員としてできることは、実験的に地域で演習授業を立ち上げることで学生たちに坪林に入り込んでもらい、坪林の人や環境について学び、坪林と縁を結んでもらうことである。そのため、学生らと坪林に入り、茶どころ・坪林のまちづくりの推進というより、実際は都会育ちの若者と坪林住民との関係づくりを後押ししている。こうした取り組みも最初は単なる個々が繋がる

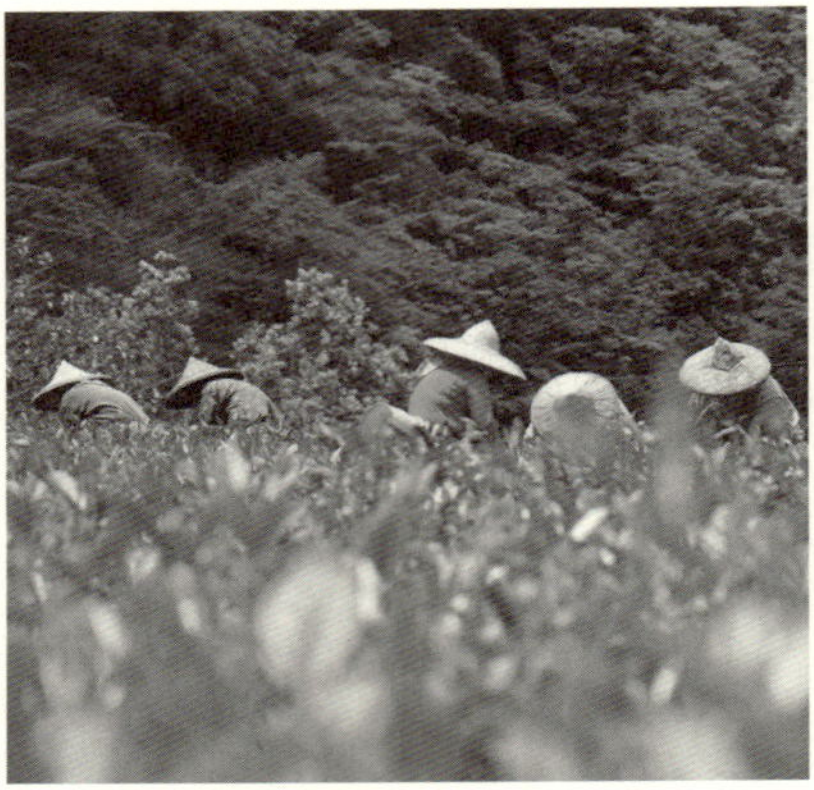

坪林の茶畑や製茶工場での学生らの活動風景

「知識縁リンク」だったが、徐々に組織的な「知識縁ネットワーク」へと拡大し、さらに関係が成熟するにつれ、若者と農村の〝生態系〟も自ずと形になっていく。

知識縁リンクの「リンク」には二つの意味がある。まず、人と人のリンク、縁は潮の満ち引きのようで、常に流動的で消長を繰り返し、先行きはなかなか読み取りにくい。我々は演習の授業を通して学生を集めたり、イベントを企画したりすることはできるが、彼らが何を記憶し、どういう風に体験したかまでは把握できない。さらに坪林で誰と出会い、誰と仲良くなり、どういう心境の変化があったかは把握のしようがない。しかし、こうした影響も変化も確かに存在し、これらによって若者が地域と確実にリンクしていく。

次は、パソコン世代と言われる若い世代がインターネットを通して、リンクしていくこと。海外の研究によると、ＳＮＳ利用者はインターネットでの友達数は平均約３００人で、そのうち親密な友達は約30人である。２０１２年にこの演習を始めてから２０１８年に至るまでは計３００人を超す教員・学生が坪林を訪れている。一人当たり３００人のＳＮＳ上の友達がいて、そのうち30人が親密な友達だとして、３００人を超す教員・学生の坪林での体験にまつわる情報がＳＮＳを介して９万に及ぶ人たちの目に触れ、さらにその中での詳しい話や思い出話は９千人程度の親密な友達に伝わっていると考えられる。坪林での体験や思い出は、画像のアップやツイッターなどＳＮＳを通して都会にいる

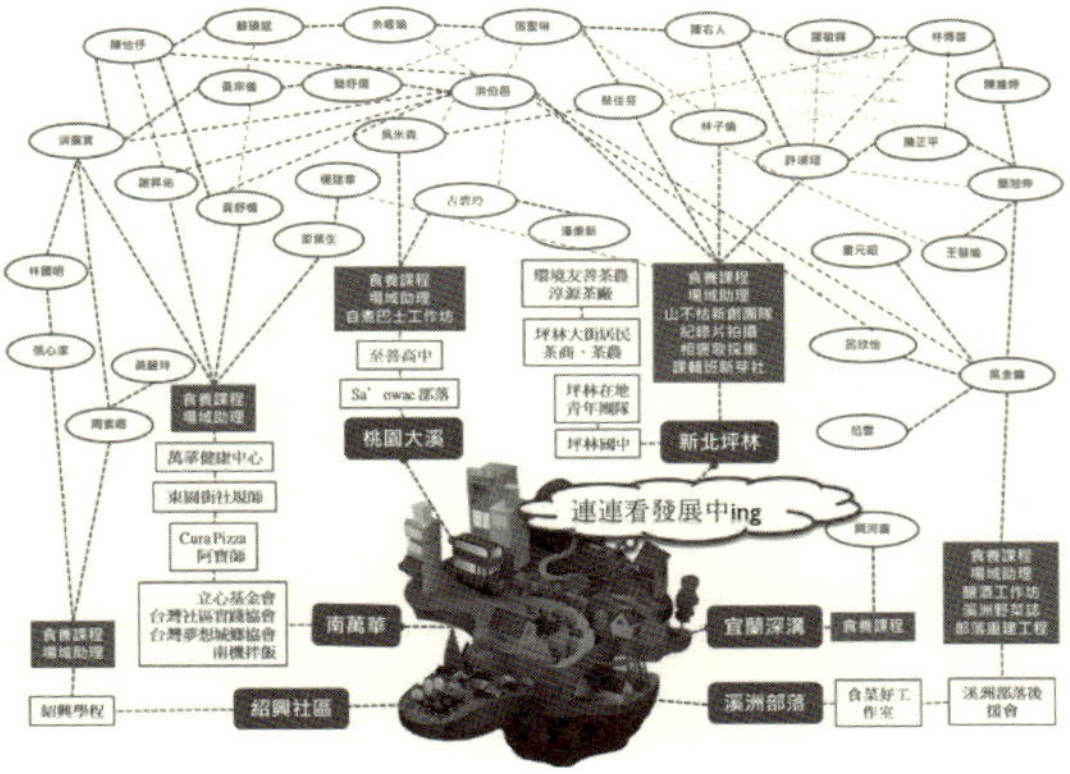

フィールドから拡大していく知識縁ネットワーク

人たちに広く伝播していく。言い換えると、知識縁リンクは300→9千→9万というスケール感で拡大していく。なお、この過程の中で多くの教員・学生は、坪林で交流を持った地域住民との間で自分自身を中心に、徐々に台湾大学・坪林とのネットワークを広げていく。

「知識縁リンク」のきっかけとなる演習の授業については、我々は2012年から坪林をフィールドとして、これまで300人を超す教員・学生が関わってきている。特に2013年からは台湾大学の中から分野を横断する幅広い教員の参加を募り、張は坪林を代表するかのように、「我らが坪林へようこそ」と、積極的にアピールした。坪林をフィールドとして、台湾大学の教員・学生は演習・授業という知識縁により繋がった。さらに彼らのような外から来た者と地域住民同士も、演習をきっかけとして知り合い、仲良くなり、その中で紡がれた知識縁ネットワークが広がっていく。

広く拡大した台湾大学と坪林にまつわる知識縁ネットワークは、以下の三段階に分けられる。（1）2012〜2014年の間で、張が所属する建築・都市農村研究科の大学院生向けの演習3回（3年間）、（2）2013年秋から、教育部のプロジェクトの助成を受けて同年新しく設立したグローバル気候変動国際学位課程（修士・博士）の中の気候変動に関連した演習、（3）2014年秋からの「食養農創」（次節参照）の関連科目として開講。

●「食養都市 人文農創」：まちづくりからフィールドでの教育実践

「食養都市 人文農創」（以下「食養農創」と略す）は、我々台湾大学を中心に知識縁リンクを形成する仕組みである。台湾では１９９０年代中頃から、住民参加型のまちづくりが盛んになり始めた。住民が参加するまちづくりを通して、地域ならではの知識や知恵を掘り起こしていく。こうした方法は、現在における若者の農村への関わり方にも影響を与えている。多くの若者と農村が知識を通して縁を結ぶためには大学での教育方法と学生の学習方法から変えなければならない。特に大学の教員と学生が大学から出て地域に入り、地域住民の声に耳を傾けながら、その中で自分自身が関心を持ち一緒に解決したい課題を見出すことが重要である。

「食養農創」プロジェクトの発端は、ちょうど２０１４年に台湾でのまちづくりが20周年を迎えるタイミングで、まちづくり政策を推進してきた国の文化部（１９９４年当時は文化建設委員会）が、「第３期まちづくりには都市地域と農村地域への格差解消と共に若者世代の参加を促進すべき」との方針を打ち出した。と同時に、教育部でも未来社会創造と第３期まちづくりの若者による参加を融合させた3年半の期間を想定した「人文社会科学知識分野横断能力育成プロジェクト」（ＨＦＣＣ）を提案した。

長年、地域のまちづくりに関わってきた一専門家や教育者の視点からすると、

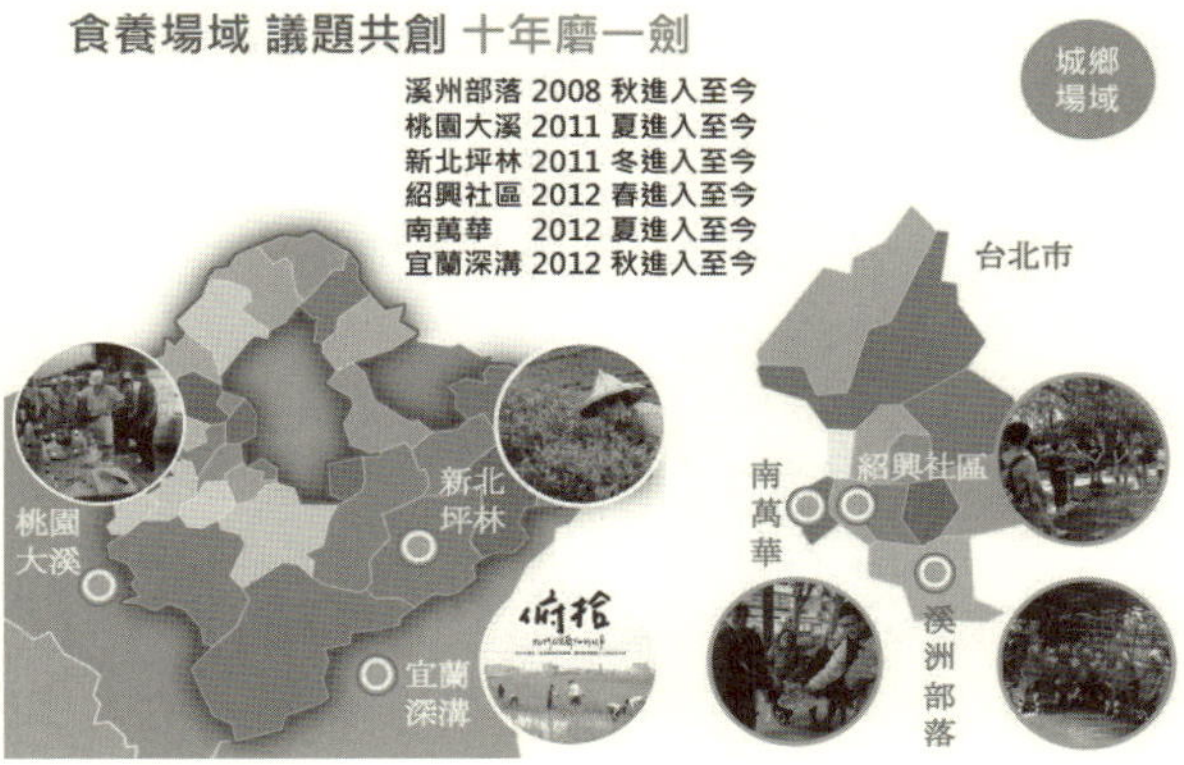
食養場域 議題共創 十年磨一劍
溪州部落 2008 秋進入至今
桃園大溪 2011 夏進入至今
新北坪林 2011 冬進入至今
紹興社區 2012 春進入至今
南萬華 2012 夏進入至今
宜蘭深溝 2012 秋進入至今
城鄉場域
台北市
桃園大溪
新北坪林
宜蘭深溝
南萬華
紹興社區
溪洲部落
「食養農創」のフィールドとなる主な地域

教育部のＨＦＣＣプロジェクトは、教員や学生に、馴染みのない地域をフィールドに教育を展開させ、学生も地域に入って関心のある課題を探させ、さらに自身が関心を持つ課題について、分野横断的に解決策を考えさせることは大胆で面白い取り組みである。台湾大学的ＨＦＣＣプロジェクトでは「食養農創」をテーマに、２０１４年秋から始動し、２０１５年春から２０１８年秋までの7学期において、計49名以上の教員が、主に6つの地域、坪林、渓州部落《ケイショウブラク》、南《ナン》萬華《マンガ》、紹興社区《ショウユウシャク》、桃園大渓《トウエンタイケイ》、宜蘭深溝《ギランシンコウ》をフィールドに、65に及ぶ演習科目を立ち上げた。履修者は延べ２２５４人に上った。学生の所属は台湾大学の14学部を横断する。この規模は、例えば台湾大学の人文社会系の教員４００人、学生３８７８人を基準に比較すると分かりやすい。「食養農創」プロジェクトは３年で10％以上の教員と半数を超える学生を巻き込んだ。こうした新たな高等教育の試みは、学生と共にフィールドや地域で活動を展開できる人文・理工分野横断の教育者の育成に繋がる。彼らは、建築・計画学分野の教育者にはない地域に対する新たな見方を持つ。「食養農創」の提案当初の目的は、分野を横断する教員・学生が自身の生活に密接に関わる食と農の問題に関心を持つことである。またそれらをきっかけに、今までにない大学による地域での実験的な教育展開を図ることである。同じタイミングの２０１５年、教育部が類似の趣旨のもとでＨＦＣＣの「大学学習システム創造プロジェクト」を打ち出した。さ

「食養農創」に関与している台湾大学の教員らと、その教員らの定期集会ポスター

らに、２０１７年には先述の２プロジェクトをベースに教育部が台湾の１５８大学計１２３万人に及ぶ大学生を対象として想定した「大学社会参加型プロジェクト（ＵＳＲ）」の推進に動き出した。ＵＳＲプロジェクトの推進は、台湾の高等教育関係者に、大学から出て地域との連携を強化し、大学が有する専門知識を市民社会に直接活かすように求めることである。実際には地域、社会、企業や産業などの主体とワークショップなどを通して、互いに会話し、交流し、衝突し、そこから連携が生まれる。

大学による知識の循環と社会創造実験：台湾大学の「食養農創」モデル

台湾大学による知識縁リンクから知識ネットワークへの発展は、２０１５年がその重要な転換点である。台湾大学の教員・学生が地域に入り、地域と連携する中、地域は「まちづくり」の対象だけでなく、「社会創造」のインキュベーターでもある。分野横断の知識を持つ若者が大学の演習の一環として地域に入り、課題を発見し、解決策を探るという一連の実験的な教育である。「食養農創」とはそもそも何なのか？　２０１４年文学、社会科学、理学、工学、農学、経営学部など分野を横断する我々教員らによる自発的な提案のもとで発足した当時、既に台湾大学には「食」というテーマに関心を持ち積極的に関わっている教員・学生が多くいる状況であった。張が所属する研究科での演習の成果の

坪林でのブランド茶「山不枯」の立ち上げに関わった建築・都市農村研究科の院生らメンバー

一環として地域農家との協働によるブランド茶「山不枯《サンブク》」の立ち上げや、地理学科の学生らによる紹興社区での農耕野菜社会実験などが挙げられる。さらに、個人またはサークル活動で多くの学生が宜蘭県深溝村の有機稲作や、農村プラットフォーム事業に関わっていた。

我々は、「食養農創」のコンセプトのもとで、ただ単に農業振興を声高に訴えたり、若者のUターンを求めたりするのではなく、自分自身が関わることによって理想を現実にすることを目標とする。こういった考えのもとで、我々教員は「食養農創」のコンセプトに基づいて一連の演習・授業を設計し、地域での実践的な活動をもって体験・学習することを提案した。こうした教育プログラムを通して、学生らに「農業」を見つめなおし、人と自然、人と食べ物、人と社会との関係性を探求し、現状の農や食の過剰な生産と消費、食物自給率の低下、遺伝子組み換えなどの社会問題に目を向け、解決策や新たな可能性を探る機会を与えることを、大学としての重要な責務と考えた。

「食養農創」の中で、実際に演習の対象地域として、主に坪林（人口流出、産業衰退、環境保全）、紹興社区（高齢者介護、不法居住問題）、南萬華（産業衰退、歴史保全、高齢者介護）、渓洲部落（都市原住民、アミ族野菜文化、住民集団移住）、宜蘭深溝（寄り添い農法、農村体験）、桃園大溪（食農教育、大学間連携）などがあり、これらの地域での活動の中で台湾大学自身にとっても大学間・分野間の横断から多くの刺激を受け、良い経験となっている。「食養農創」から広がる知識縁リンクの中で、教員・学生が地域と共に知識縁ネットワークの生態系を構築していく。地域に入ることは、その地域での人間関係のみならず、経済、文化などのネットワークに関わることとなる。台湾大学の教員の多くは、海外での活動経験こそ多かったが、地域への社会貢献は必ずしもそう多くはない。「食養農創」は、学生に学習の場を提供するだけではなく、教員が大学から踏み出して地域と連携する契機にもなっている。我々は、地域に入ることに興味を持つ全ての教員に、活躍できる場を提供したい。

中国における実践事例：村客松（トランスカソン）の戴河モデル

次に、中国の農村において張が中心に関わってきた、若者を主体にした「村客松—村科技—青村集」といった三位一体の農村創生モデルを紹介する。

張は2015年、春茶の季節を迎える4月に、李偉《リウェイ》先生と彼が所属する四川大学の「スマート農村国際教育プログラム」と深い繋がりを持つことになった。そもそものきっかけは、台北都市圏の水源地で茶どころでもある坪林において、我々が行っているブランド茶の立ち上げによる地域経済の活性化を図るという変則的な試みに、李先生が興味を持って訪ねてきたことである。四川省・成都市にある長灘湖《チョウタンコ》の水源地で茶どころでもある万民村《バンミン》において、農村創生の

茶畑が広がる四川・成都の長灘湖の水源地でもある万民村

推進を行おうとしていろいろ苦悩してきた。当時、成都の農村における主な挑戦としては、次々と家が建つのは良いが住民たちは生計に困り、若者も地域に戻ろうとしない点への対策である。日本、台湾、中国などの異なる国でも、同じような局面に直面している。我々との経験共有を積極的に試みようとする四川大学の先生方の好意を受け、我々は「スマート農村国際教育プログラム」に参加することとなった。こうして、我々のチームは２０１５年に成都市万民村でのまちづくりから始まり、２０１６年からは雅安《ガアン》市・戴河《タイガ》村における社会デザインや「村客松」の創設にまで、活動の裾野を広げた。

　現在、地域格差の解消が大きな挑戦として考えられ、時代や政策がどう変わろうと、経済と生態をつなぐ土地、労働力と生産、さらに生活文化などは未だに農村におけるパラダイム転換にあたっての核心となるだろう。大学の教育がいかに、１９８０年代に起きた団塊世代の農村からの流出問題に対処していくかが問われる。こうした一連の取り組みの中で実際に農村地域に入り込んだ学生たちの大多数は、１９９０年代から２０００年代生まれの都会育ちである。農村に全く馴染みのない学生チームが、どうやって農村に向き合い、農村創生に取り組むのか？　四川大学の環境デザイン学部では、２０１１年からスマート農村国際教育プログラムを通して２００８年四川省に起きた汶川大地震後の蘿蔔寨《ラホウサイ》の再建事業に取り組んで10年が経っていた。違う学年で、異なる授業を

台湾大学と四川大学のサマースクール兼国際交流週間

履修してきた学生同士が農村についてどう議論し、提案していくかが教育者として興味深かった。さらに、２０１７年10月に、中国政府は大々的に農村振興策を打ち出し、各分野から農村への参入を奨励する動きが見られた。美しき農村、都市農村一体化、全域ツーリズムなど中国の一連の農村政策の方向転換もある中で、この授業は蘿蔔寨や万民村から、徐々に戴河村に拡大した。

我々が提案する「村客松《トランスカソン》」なる方法論は、集中的なプログラミングという意味の「駭客松《ハッカソン》」に由来する。簡単に言えば、農村地域におけるフィールドワークから情報収集しながら、ワークショップやブレーンストーミングをもとに、分野横断的に有意義な議論を繰り返し徐々に具体的な提案につなげていくものである。こうした方法論はこれまでの建築計画学分野における単線型のハードウェアにのみ着眼した計画思想に反省をもたらしてくれた。我々は、四川大の国際的な教育プログラムを通して、分野横断的な教育を試み、２０１６年の１回目の実施では、わずか２週間という短いワークショップの中で計２００名以上の都会育ちの学生たちを動員し、人類文明と農村との関係性を考えることから始めた。そして１週間じっくり議論して今後の農村づくりについて専門的な見地から考えられる力を身につけさせた。こうした過程の中、半数以上の学生が実際に農村地域に入り、残りの半数は都会に身を置きながら、「微信《ウェイシン》」というＳＮＳツールを通じて、インターネット上で地域に入った学生らと議論を進

学生らによるフィールドワークとワークショップ

めながら後方支援をしてきた。２０１７年の2回目の実施では、我々は都市と農村の若者を結ぶ「若者創生」のモデルを導入し、さらに実務業界からＩＴ系、製茶、企業経営などの先生も戴河村に招き、学生らと共に議論、提案を試みた。今回、学生らは「微信」を利用し１０００人を超える友達に「若者創生」について事前に意見を尋ねてみることができた。

村客松の実施における7つのプロセスを振り返ると、まず２０１６年台湾大学と四川大学のサマースクール兼国際交流週間（ＵＩＰ）のテーマが「スマート農村」に決まり、それを踏まえて戴河村を対象地とした。

「村客松」の核心となるコンセプトは、ハイテンポにデザインシンキングを回していくことである。我々は四川大学の「スマート農村」国際交流デザインワークショップの中で、「村客松」を新たな教育実験の方法論として採用し、7～10日間の間で、以下の7つのプロセスを進めてきた。（1）フィールドワーク、（2）チーム育成、（3）短期研修、（4）課題調査、（5）提案、（6）提案修正、（7）成果検証。それぞれのプロセスをまとめると、次のようになる。

第1プロセス　フィールドワークは、まず、現地の実態を理解し、議論を深め、材料を集めるための段階として位置づけられ、地元の大学教員などの引率のもとで、能力も興味も兼備する学生（概ね2から4名）と共に地域に入る。半年間に4～6回で、毎回4日間～1週間を目途とする。フィールドワークの中で、

学生らによる一連の濃密なフィールドワークと議論の過程

当地ならではの風習や文化について情報収集しながら、地元住民との関係づくりに取り組む。いかに相互理解や信頼関係を築くかが、特に重要である。また、頻繁なフィールドワーク活動を開始するにあたって地元行政や事務的な根回しも欠かせない。

第2プロセス　大勢の学生による活動の開始にあたり、中核的役割を果たす教員や第1プロセスの先行部隊による頻繁かつ密な作業が必要である（例えば、丸一日の高密度な発表と意見交換やブレーンストーミングなど）。その目的は、対象となる村や地域に関する各種情報をより明確に把握することである。次の段階に向けては、テーマに沿った7日間の柔軟な研修プログラムの構築が必要である。と同時に、短期研修では四川・台湾両大学の学生らが先行してフィールドワークの結果に基づいて対象地の諸情報に関するデータベースを構築する。このプロセスでは、第1プロセスでの先行部隊が徐々に20人程度の中核的な役割を果たすチームへと変貌し、その中に教員やTAも含まれる。

第3プロセス　ここでは、第2プロセスで構築した7日間の研修プログラムをベースに、8時間の集中講義を実施することにより、連携チーム大学の学生らも迅速かつ容易に対象地の現状を理解し、提案・デザインを効率よく考案できるようにすることが狙いである。このプロセスでは、授業時間の進行次第で、柔軟に教育内容や課題調査の進め方を調整することが可能である。その中で、

修復された水磨坊と茶畑での活動

分野横断・大学横断の班分けに基づく課題調査と議論を通して、学生同士が互いに新たな視点や情報から様々な刺激を受けられることが鍵となっている。

第4プロセス　実際に地域に入り込み、様々な課題について調査しテーマについて発想する。２０１６年を例にいうと、学生らによる課題調査は一つ前のプロセスでの議論の成果を踏まえ、各班それぞれが「社会デザイン」「ツーリズムと景観」「居住と集落」及び「歴史建造物修復」など4つのテーマについて手分けして調査を展開し、最終的に各班が現場から集めてきた情報の共有とデータ構築を図る。このプロセスで、歴史建造物修復班の学生らは、戴河村に本来、地域センター的な役割があったにもかかわらず20年近く放置されてきた「水磨坊《スイマホウ》」（水車小屋）の存在に気付いた。学生らは3日がかりで自発的に水磨坊の清掃に取り組み、さらにそれにより村長と住民の参加も上手く巻き込んだ。また、動かなくなっていた水車も住民参加のもとで修復に成功し、水車が再び回りだした瞬間は、まさに我々が進めてきた戴河村における学生、住民と教員たちを一体化させた最も重要な瞬間であった。

第5プロセス　情報が共有されている状態の中で、各班の学生らが意見を出し合い、ブレーンストーミングを行いつつ、現在ある基礎データをより深く分析する。それらを踏まえて、各班ならではの唯一無二のデザイン提案を試みる。例えば、社会デザイン班では、「茶」及び「水」に関するデータを踏まえ、「一

多くの住民との連携によるフィールドワーク

家一茶会」のコンセプトを打ち出した。ツーリズムと景観班では、村の隅々まで探検を楽しみつつ、こうした経験をもとに戴河村にしか体験できない1泊2日の複数ルートのプチパックツアーを提案した。居住と集落班は、村にある資源の総点検を行ったところ、村には様々な特有の文化や生活様式があり、これらが地域の民家の建築様式に強く反映されていることを明らかにした。歴史建造物修復班は、戴河村の長年荒廃してきた水磨坊を発見し、水車を回すことをテーマに、水車そのもののみならず地元住民の農耕生活も再び回り出させることを目標とした。

第6プロセス　5日間の現地での作業を終え、四川大学に戻り議論を続け、各班のデザイン提案の修正・肉付けを進める。と同時に茶《チャ》馬《バ》古《コ》道《ドウ》を物語の出発点としてスライドの全体の枠組みを作成し、社会デザイン班の茶と水、ツーリズムと景観班のプチパックツアー、居住と集落班の地域社会文化、歴史建造物修復班の水磨坊などのコンセプトを取り入れ、融合した。

第7プロセス　成果検証に関して、我々は四川成都都市計画局において発表した。村長と書記も参加された。戴河村においては、20名の教員と学生らが最も重要なキーパーソンと言える。学生らによる能動的な参加や働きかけは、村長の参加意欲や積極性をうまく引き出し、その甲斐もあって、水磨坊の修復作業は、僅か1年間という短期間で遂行することができた。

村科技（トランス・テクノロジー：Trans-technology）

上述の村客松の7つのプロセスをベースに、我々は農村に関心を持つ様々な分野を横断する専門家を集め、農村の生活状況などについて調査分析を展開し、デザインシンキングを取り入れた創造的な方法論を導入した。農村地域の生活の中で、欠けている商品とサービスの提案を試みようとしたのだ。

農村地域の多くは、大都会の生活で消費する商品の生産基地となっている。例えば中国版アマゾン「淘宝《タオバオ》」などのような電子化された商取引である「Eコマース」は、農村にいる若者（Uターン、Iターン問わず）や地域住民に新たな起業の機会をもたらしてくれた。しかし産業発展の意味では、農村は都会にサービスを提供すべきという主従関係にあるとの意識が根深い。農村にあるすべての生産は、あくまで都市の消費者のためにあるものだと考えられてきたため、農村の資源の多くは都市によって吸い尽くされており、知識や能力を持つ若者がUターンで地元に帰って起業したとしても、地域への経済効果はあるにしても全体的な生活の質向上には繋がりにくい。農村自体の需要や、都会からUターンした若者の需要、さらに都会からの旅行者の需要などは、今まであまり目を向けられることがなかった。一方でUターンした若者たちは都会的な目線の持ち主であり、彼らの需要に応えることは、都会からの旅行者の需要に応えることにも繋がり、やがて農村自体の需要にも応えられる。

現状に鑑みて、我々はデザインシンキングを取り入れた「村科技」のコンセプトを提案しようとしている。そこで農村住民や都市での生活経験のある人々の、農村での生活に求められる有形無形の商品とサービスを開発することとした。言い換えると、我々は分野を横断した多方面の人材と共に、農村集落を客層とした生活の質向上のための商品の開発・提案に取り組むことで、農村が単なる都市消費のための生産基地に留まることなく自律性を持った経済主体として発展していくことを意図している。それにより、今までないがしろにされてきた農村市場は、生活の質向上という命題のもとで徐々に拡大していくと考えられる。

現在中国の5・7億人を数える農村人口は、将来30%が都会化すると仮定してもなお4億人程度で、米国人口の3・3億をはるかに上回ることとなる。これらの農村人口に対する生活の質向上には、それぞれの地域性や需要を尊重して商品、サービスや文化活動を提供していくことが求められる。そのため、こうした有形無形の商品とサービスには、適切な技術と分野横断的な知識を駆使しながら創造していくことが必要である。

ブロックチェーンの技術を活用してシェアエコノミーの手段である地域通貨や資源共有（タイムバンク、物々交換または地域・技術交流など）などを推進することは、我々がこれから「村科技」というコンセプトに基づき新たに試みようとしていることである。現在、農村創生へのアプローチとしては歴史建造物の修復、農村ツーリズム、エコツーリズム、農業企業にまつわる電子商取引などが考えられる。また、大学としての専門分野では、主に農村開発などといったハードウェアのデザインや整備への関心が大きく、農村ボランティアでは人類学的な視点でフィールドワークや保全修復、農村ツーリズムに従事する人が多い。農村地域で成功した地元企業は、大学を出た知識を持つ若者にはあまり魅力がなく、さらに農村地域の生活現場の課題に対応した商品開発に関する問題意識やノウハウもほとんど持ち合わせていない。我々は、デザインシンキングを取り入れた「村科技」を駆使し、それぞれの農村の課題に即したハッカソンに基づき、さらには地元行政や分野横断の大学教員、若者起業家、エンジェル投資家（設立間もない企業や起業家のスタートアップに対して資金を提供する個人投資家）などを巻き込んでいきたい。こうした方法論や先端技術の導入により農村の課題に即した商品開発をきっかけに、農村地域のプラットフォームを構築し、さらに農村の視点に立ったハードウェアの整備、教育や文化サービス、それに関連した経営や共有型経済の実現に繋がると考える。

●青村集（トランス・クラブ：Trans-club）：若者が農村に楽しく集う

いま、2000年代生まれの若者らが我々の社会を担う時代が訪れている。一方、これらの若者世代の大多数の生活経験は、都会とインターネットの中で完結する。農村へのノスタルジーを持たない彼らは、凋落していく農村への共感・関心は薄い。張が2000年代に米国の大学で教鞭を執っていた当時でも、米国の1980年代生まれの大学生の多数はニュータウン育ちであるがゆえに、米国大都市の中心市街地における貧困や犯罪問題に、あまり関心がなかった。

2018年1月、1990年代生まれの趙争々《チョウソウソウ》氏は、若者と農村との対話の場である青村サロン（YARD、Youth And Rural Dialogue）を創設した。現在、我々は山東省の鄆城《ウンジョウ》県や濰坊《イホウ》市牟家院《ムカイン》村、さらに内モンゴルの犴達罕《ハンダハン》草原で若者と農村地域との対話を実施している。このようなプロセスは、若者と農村の二軸対立かつ硬直化した関係性の改善の兆しとなる。若者は、多様かつ便利な手段でまず農村に訪れ、そこから自ずと農村との様々な関係性が生まれていく。

【注・文献】

（1）台湾大学「食養都市 人文農創」公式ホームページ 2019.2.1
http://aschool.ntu.edu.tw

五斗長垣内遺跡の復元された竪穴式住居、学生の作った撮影用の木枠からの眺め

五斗長《ごっさ》、弥生の森づくり

林　まゆみ

淡路の奥座敷、五斗長

兵庫県には、淡路市の奥座敷と呼ばれる五斗長地区がある。地名は、「ごっさ」と読む。明石海峡大橋を渡ってから、尾根伝いに半時間ほど車を走らせたところだ。五斗長という名は、珍しい読み方をするが、その由来は様々な説がある。一説には、五斗の米があると長《おさ》になれるほど生産の厳しい場所であったともいわれているが、真偽のほどは定かではない。しかし、現在では、黒米や赤米と呼ばれる古代米、新鮮で美味しい野菜の数々、特にタマネギの産地として有名なところでもある。淡路島に限らず、中山間地域は少子高齢化が進んでおり、この五斗長も例外ではない。しかし、地域の人々が土地への愛着を持って営農法人を立ち上げながら、農業者として力を合わせて、集落の維持が図られてきた(1)。

２００４年に台風23号の豪雨で大きな被害が生じたことをきっかけに、災害復旧が行われてきた。圃場整備事業でも大規模な遺跡が認識され、２００５年からは、旧北淡町の教育委員会によって調査が行われてきた。

遺跡は弥生時代の鉄器工房跡を示すもので、いくつもの竪穴式住居跡が発見

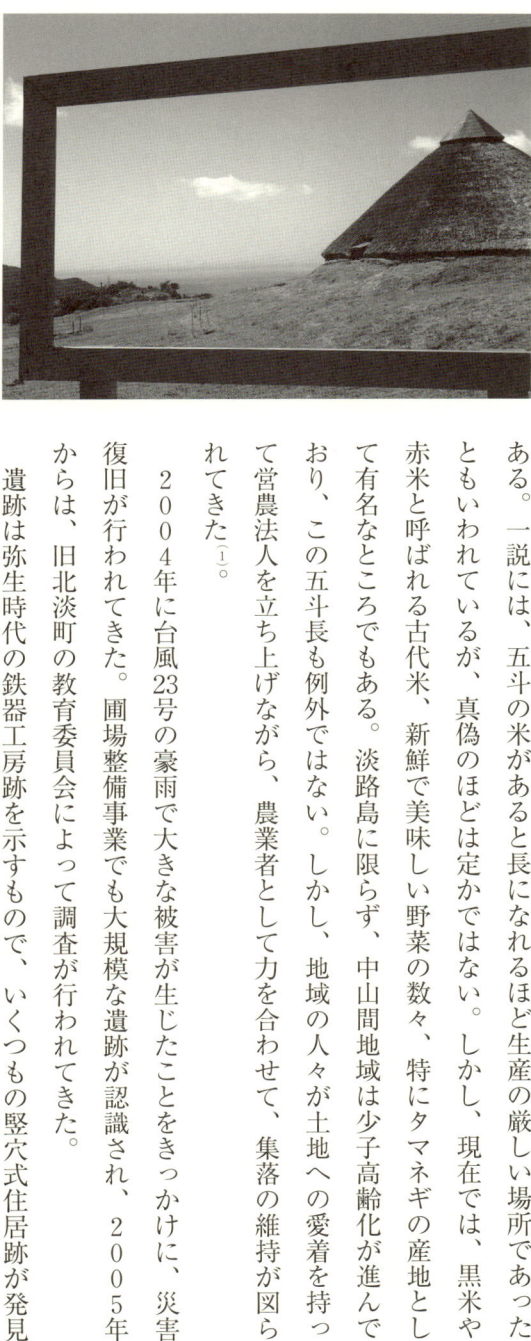

タマネギの収穫風景1940年頃(2)

遺跡の発掘風景(2)

された。考古学からは、淡路島には弥生時代に160以上もの高地性集落が存在していたと言われている。何故そんなに多くの高地性集落が存在していたかについては、多くの説がある。防衛的な意味合いが強かったのか、あるいは、水源に近い高台を好んで住んでいたのか、それぞれの集落の在り方に興味は尽きない。

地域では、大勢の住民の手作業によって発掘が行われてきた。地域の長老の話では、高齢の70代、80代が発掘に参加されたそうだ。50代、60代の若い衆は、まだまだ働き手で忙しいという。昔から、農村の共同作業としてタマネギづくりなどにも協力してきた人々は、この遺跡の発掘調査にも協力しあって皆で慎重に掘っていった。

その甲斐もあって、周辺の美しい風景の中に位置するこの遺跡は、2012年には国の史跡に指定される運びとなった。知事が訪れたり、大勢の見学者が訪れたりし、地域はにわかに活気づいていく。私たちが兵庫県立淡路景観園芸学校／兵庫県立大学大学院緑環境景観マネジメント研究科として訪れたのは、遺跡が発見されて、これからどのように地域が発展していくかというまさに転換の時だった。

遺跡公園ができる！

学生が子どもたちと一緒に田植え体験

集会所でまちづくりに関する議論を

当学では、地域づくり支援として様々な活動を行っている。筆者も、色々な地域活動に直接参画したり、あるいは、演習などの授業を通じたりして関わってきた。この五斗長地区に遺跡公園ができることになり、私たちも、学校としていろいろな支援活動ができると考えた。

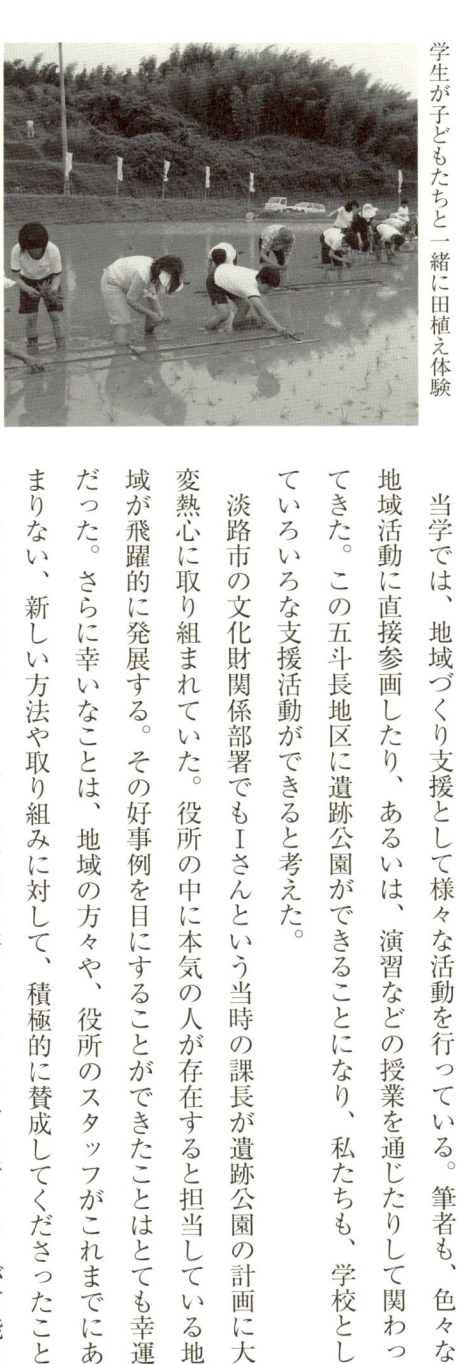

淡路市の文化財関係部署でもIさんという当時の課長が遺跡公園の計画に大変熱心に取り組まれていた。役所の中に本気の人が存在すると担当している地域が飛躍的に発展する。その好事例を目にすることができたことはとても幸運だった。さらに幸いなことは、地域の方々や、役所のスタッフがこれまでにあまりない、新しい方法や取り組みに対して、積極的に賛成してくださったことだ。「遺跡公園ができる！」を合言葉に様々なチャレンジを行うことが可能となった。淡路市では、既に弥生時代や遺跡についての歴史講座が開講されており、筆者も何度かその講師となった。また、遺跡公園の整備検討委員会にも参画し、公園づくりについての議論が始まった。

２０１０年からは、授業の演習を通じて、五斗長のまちづくりや遺跡公園に対しての提案を学生たちと行った。地域の小学生と混じって、田植えやタマネギの収穫などの農業体験をさせてもらったり、集会所で地域の人々と議論を交わしたりした。五斗長の歴史や文化にも触れていった。公園の中身についてや、まちの活性化方策などについての提案を学生たちと共に行い、それを地域の方

貫頭衣を着てひまわり祭りに参加

自然観察会を提供

に聞いていただいた。公園整備に関わるデザインに始まって、拠点施設での「弥生カフェ」の提案や、農作業体験、野菜の販売、そして、見学ツアーなどである。五斗長の「ゆるきゃら」人形も作成して謹呈した。年月を重ねる中で、公園予定地で毎年開催されているひまわり祭りに参画しながら、実際に学生が実践的なプログラムを提供したり、試作品を作ったりするようになっていった。

ここで、五斗長出身のTさんを紹介したい。Tさんは、淡路市役所に勤務していた当時から、長年にわたって熱心に地域のことに取り組んでいた。しばらくすると、早期退職をして、（株）五斗長営農に主体的に関わるようになった。Tさんの歴史は、まさにこの五斗長が新しく展開していく歴史とつながっている。

あるとき、Tさんから連絡が来た。「遺跡公園の整備検討委員会に対抗して、集会所でまちづくりに関する部会をたちあげたいので、協力してほしい」。「対抗ではなくて、整備検討委員会の中にまちづくり部会を入れ込みましょう！」と返事をしたことを覚えている。かくして、「まちづくり部会」が開かれるようになった。

この「まちづくり部会」には夜の時間にもかかわらず、多くの方々が参加し、地域の女性たちが「遺跡公園の施設の中には、弥生カフェを開きたい」や「地域の産物が売れるような拠点施設が欲しい」などという意見を述べていた。「弥生カフェ」という言葉は、まさしく学生たちが提案したものだったので、地域の方々にしっかりと伝わっているのだと嬉しく思った（もっとも、現在のカフェは、タマネギのブランド名である「まるごキッチン」となっているが）。

平成27年度 五斗長垣内遺跡 弥生の森復元プロジェクト
五斗長《ごっさ》 弥生の森くらぶ
期間 2015年7月~2016年2月
場所 五斗長垣内遺跡
申込方法 下記申込書に記入の上FAXあるいはお電話で
募集人数 30名(先着順)随時受付
その他 第1回目の講座は必ず参加して下さい。(参加できない方は、ご連絡下さい。)
講座のご案内

	日程	時間	テーマ
1	7/10	14時~16時	弥生の森くらぶ 部会設立(ガイダンス)
2	8/6	14時~16時	暮らし部会1 五斗長の恵みで染色しよう!
3	9/25	14時~16時	森部会1 五斗長でどんぐりの木を育てよう!
4	10/6	18時~20時	暮らし部会2 仲秋観月して、古代米を食べてみよう!
5	11/12	14時~16時	森部会2 森の植物を増やして植えてみよう!
6	11/26	14時~16時	歴史部会1 考古学者になろう! 弥生土器に挑戦!
7	12/8	14時~16時	暮らし部会3 五斗長の恵み、竹で花入れづくり!
8	1/21	13時30分~16時30分	歴史部会2 考古学者になろう II 野焼きに挑戦!
9	2/12	14時~16時	くらぶ総会 部会活動報告会・懇親会

お問い合わせ及び申込先
五斗長垣内遺跡活用拠点施設 TEL/FAX 0799-70-4217
平成27年度 五斗長 弥生の森くらぶ 参加申込書

講座のパンフレット

講座の様子（3）

弥生の森講座を運営

筆者らは、遺跡公園を取り巻く環境を計画する際には、ぜひ、当時実際にあった弥生の森をできるだけ忠実に復元しようという提案を行い、淡路市や地域の皆さんの合意が得られた。そこで、弥生の森づくりの応援団を結成しようと「弥生の森講座」を開催する運びとなった。通常よく用いる参画型の公園の管理運営の手法でもあるが、来園者を単なるゲスト（一見の客）から、リピーター（継続的な参加者）、そしてホスト（運営に携わってくれる人々）にまで育成しようという目標があった。講座では、弥生時代の歴史・暮らし・そして自然環境などを知るという目的のもと、多様な観点で学びの場を設けて、遺跡公園について親しみを持って関わってもらえるようになることを目指した。講座のパンフレットは上段に示している。特に、自然環境は、森林や草原の植生を調べて、植栽を行うことによって弥生の森の忠実な復元を目指した。この弥生の森とは何なのか、については、後段で詳しく述べたい。

講座ではどんなことができるだろうか？という問いに対して、より詳細な

講座の中で植樹体験（3）

土器づくり体験（3）

提案が考えられた。まず、五斗長での遺跡の発掘の経緯を踏まえて、地域の自然や歴史を振りかえること、弥生時代の暮らしはどのようなものであっただろう、その時代の森や草原の様子は？　などテーマにすることはたくさんあった。そこで、1、2か月に1回程度の講座の運営を行うこととした。講座の運営は、いち早く公園予定地にできた拠点施設を活動の中心とし、淡路市の担当者や拠点施設のコーディネーターの方と共に行ってきた。

地域の皆さんをはじめとして、島内外からも大勢の参加者を得ることができた。内容は、五斗長の歴史や講座の意義を説明するガイダンスから始めた。そして、弥生の森講座にふさわしい内容としてはまず、基本となる歴史や文化について学んだりした。歴史を体験する見学プログラムも組み込んだ。また、当時の生活体験として料理、草木染めなど、弥生人体験としての土器づくりや、植物、特に竹を活用したモノづくり、その他にも、古代米を用いた料理体験、小物づくりなども行った。

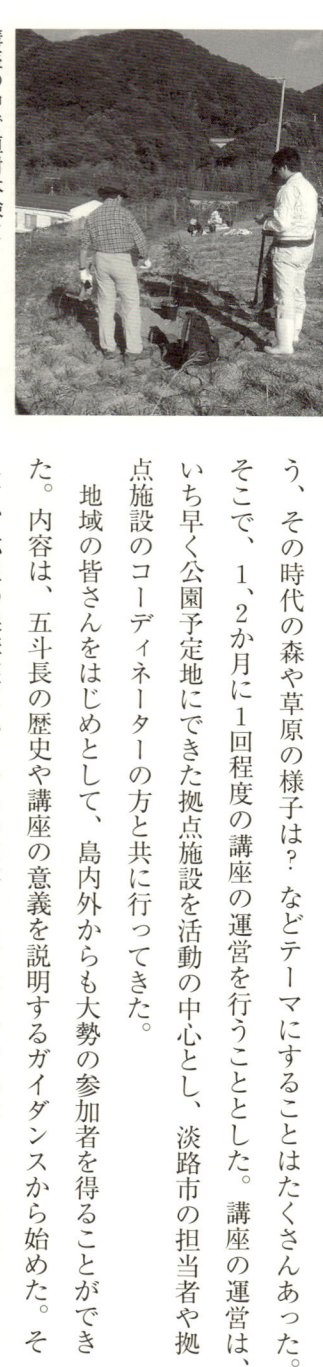

そして、講座のタイトルともなっている当時の森の様子を知るための樹木や草本類の学習を行い、標本づくりも本格的に行った。できるだけ多様な学習の場を設けた。5年ほど継続したが、年度の最後には受講生と議論して、次年度の講座のあり方を検討した。

そこでは、ワークショップ形式で、当該年度の反省や次年度の内容について、受講生と共に話し合った。プログラムに関する意見や希望を出しながら、受講生に、自ら講座の組み立てに参画してもらうようにした。

また、この遺跡公園で弥生時代の森を復元したり、公園づくりを活性化したりするためにはどのようにしたらよいかを考えて、倶楽部活動を発足することとなった。そのようなプロセスを経て、「弥生の森倶楽部」として幾つかの部会もできてきた。弥生の自然、生活、歴史を深く知るための様々な活動が提案された。倶楽部のメンバーで、継続的に植栽活動を行ったりもしてきたが、現在はこのメンバーたちが中心となって、新しく復元する竪穴式住居の設営にも取り組んでいる。

Tさんの力

五斗長では、いち早く営農法人が立ち上げられていて、地域の野菜などの販売力をますます高めようとしていた。その中で中心的な役割を果たしていたのが前段で紹介したTさんだ。どこの地域でも、そこが目をひいて活発な動きを示しているところは、必ずと言ってもよいほど中心的な人物が存在する。この五斗長地区では、Tさんがまさにその人物といって良いだろう。そして、そういう地域には、Tさんを取り巻く協力者が必ずいる。実は、Tさんは、現在闘病中である。地域の中で、長年中心となって活躍してきたTさんの姿は、地域外にも広く知られており、闘病中であることに関しては、大勢の人々が祈る思いをかみしめている。しかし、五斗長の素晴らしいところは、地域の方々だけでなく、市役所の担当課長らの取り組みも半端ではないことだ。だれか、熱心な人がいるとその周りには渦がまいていくように影響力をもたらすものなのだろうか？　まさに、この地区にはそういったうねりがあるように感じられた。

遺跡公園の拠点施設は、既に、(株)五斗長営農が管理を行っている。コーディネーターの女性は、毎日訪れる訪問者に遺跡公園の説明をしたり、館内の案内をしたりしている。婦人部会では、「まるごキッチン」というカフェを運営して、休日にランチを提供し、メニューの改善に努めている。

弥生の森とは

「図説　日本列島植生史(4)」によれば、弥生時代に近い、2000年前において近畿地方の太平洋側には、照葉樹林が広がっており、その中にモミ、ツガ、スギなどの温帯性針葉樹が生育していたとされる。淡路島においては、アカガシ亜族の花粉も多く、その他に、モミ属、マツ属、コナラ亜属、クリ属、イチイ属の花粉が見つかっていることから、アカガシ亜属及び、クリ属、イチイ属を中心にモミ属の混じった照葉樹林とマツ属、コナラ亜属の二次林があったと推測できる。弥生の森を振りかえった時に、当時の生活と森がどのようにつながっていたのだろうと考えた。

弥生時代の集落の周りは、ほとんど原生林と呼ばれるようなものではなく、原生林自体は、かなりの広範囲で、伐採されていたようだ。既に堅果類のモモやクルミなどの帰化種や、北から移動してきたと考えられるクヌギなどの移入種も入っていた。どちらも、外来種ではある。それは、『五斗長垣内遺跡発掘調査報告書(5)』に記されている花粉分析や、残されている炭化物などから類推される。弥生時代は既に、周辺の開発は十分に行われていた森なのである。高地性の集落の中での人々の暮らしは、自然の改変に影響を与えていた。

復元する弥生の森は、その時代、既に人の手の入った森となる。原生の森というより、いわゆる里山の二次林だ。里山は、私たちが原風景のように考えているものであったとしても、既に弥生時代でも、人々の暮らしと共に、元の森や林からは、大きく変貌を遂げていた。

これは、私たちが今後、自生種緑化を考えるときに、大いに示唆することではないだろうか？　現代においては、自生種緑化を考えると言っても、さらに生活の中で、様々な外来種が広汎に存在している。それらをどのように受け止めて、生物多様性を担保していくかは、重要な観点ではないだろうか。

このような弥生の森の様子を手掛かりに、遺跡公園の在り方を考えたり、公園づくりを協働してできるような人材育成を考えたりした時、「弥生の森講座」

の開催はとても有効な検証の場となった。

自生種緑化を目指す

とは言っても、弥生時代の植生の構成種の多くは、もともとその地に自生していたものだ。地域に古くからある自生種を活用した公園づくりを計画することによって、弥生の森としてのアイデンティティを高め、五斗長ならではの公園づくりを目指そうとした。また、自生種を育てて、それを活用することによって、地域の産業育成に結び付けられるような仕組みづくりができないかとも考えた。

宮城県東松島市宮戸島で地域性のマツを植栽

自生種緑化は、筆者が継続して行っている東北の震災支援活動における緑化活動もそれをテーマの一つとしている。例えば、東松島市の宮戸島は、当学のある淡路島にも多く見られる樹木、マルバシャリンバイの北限の地である。地域の方々は、あまり意識していなかったが、シャリンバイの北限の地が自分たちの住まいのあるところだという説明を聞くと皆さんとても興味を持って、地域の植物として愛着を持ってくれる。

五斗長では、このような周りの環境になじみ、地域で愛着を持つことのできる植物をどのように増やしていくか、それらの植物を取り巻いてきた小動物の保全と合わせて、地域の植生を守っていくことが、とても大切なことだという

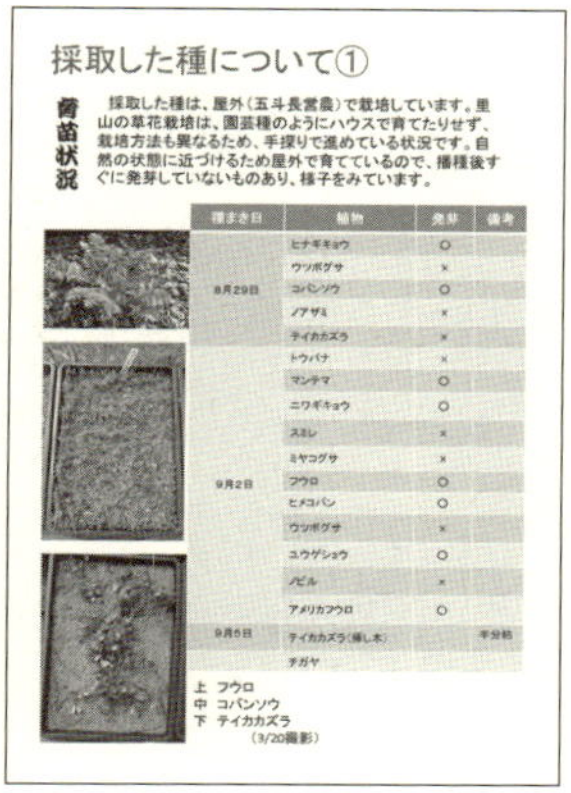
採取した種について①
育苗状況
採取した種は、屋外（五斗長営農）で栽培しています。里山の草花栽培は、園芸種のようにハウスで育てたりせず、栽培方法も異なるため、手探りで進めている状況です。自然の状態に近づけるため屋外で育てているので、播種後すぐに発芽していないものあり、様子をみています。
種まき日 植物 発芽 備考
8月29日
ヒナギキョウ ○
ウツボグサ ×
コバンソウ ○
ノアザミ ×
テイカカズラ ×
9月2日
トウバナ ×
マンテマ ○
ニワギキョウ ○
スミレ ×
ミヤコグサ ×
フウロ ○
ヒメコバン ○
ウツボグサ ×
ユウゲショウ ○
ノビル ×
アメリカフウロ ○
9月5日
テイカカズラ（挿し木） 半分枯
チガヤ
上 フウロ
中 コバンソウ
下 テイカカズラ
（3/20撮影）

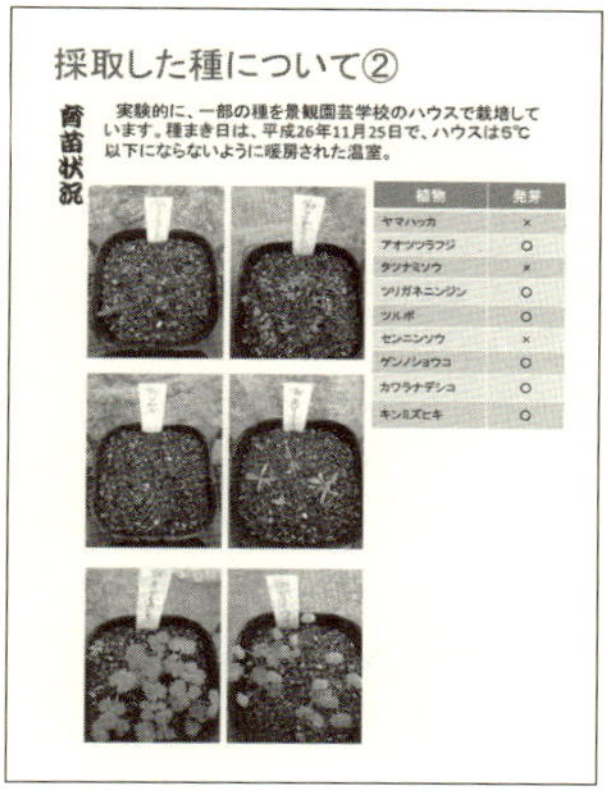
採取した種について②
育苗状況
実験的に、一部の種を景観園芸学校のハウスで栽培しています。種まき日は、平成26年11月25日で、ハウスは5℃以下にならないように暖房された温室。
植物 発芽
ヤマハッカ ×
アオツヅラフジ ○
タツナミソウ ×
ツリガネニンジン ○
ツルボ ○
センニンソウ ×
ゲンノショウコ ○
カワラナデシコ ○
キンミズヒキ ○

採取した種を㈱五斗長営農で育てた③

ことを伝えたいと考えた。（株）五斗長営農で育ててもらった草本類も植栽して、看板を立てた。そして、そういった想いを皆で共有しながら、講座の運営や倶楽部の設立、植栽イベントや、地域の祭りへの参画、さらには、様々な公園づくりへの取り組みが多様な主体で広がっていった。

産・官・民の協働

弥生の森づくりには、学生たちも参加した。地域住民の方々と山に入り、小さな実生を採取したりもした。学校でもそれを育てて、小さな苗木のままに移植した。地域の方々も、自宅でオニグルミなどの樹木を育ててくれた。淡路市役所の方々も一緒に山に入り、樹木を育て、そして植栽した。皆で森を育て、公園を育てていこうとしていた。流通している植物は、使わなかった。それは、現時点では、流通システムに自生種というジャンルが殆どないといってよいからだ。海外の先進事例をみると、欧米各国では、自生種の流通が担保されていることが多い。それを考えると、まだまだ、これから発展する職域ではないかと思われる。

今回の公園予定地に植わる樹木は、背丈も低く、雨が降ると斜面の砂地と共に流れていきそうだった。通常は、流通業者から購入した立派な樹木が公園に植えられていくが、今回は、既存の植生以外は、小さな樹木のオンパレードで

月ごとに自生種を観察して種を採取した(3)

草本の自生種の看板

あった。雨が降るたびにひやひやしたものである。

同時に地域の方々が、近隣の野山を歩いて採取した草本類のタネを(株)五斗長営農で育てた。毎月、花の咲いている野草(特に自生種)を観察し、タネを採取し、それらを増やしてもらった。8月には、可憐な花を咲かせている野草のアイドルといってもよいカワラナデシコは大人気だったが、これを増やすことはなかなか難しかった。思いがけないところに、ひっそりと咲いている野草の花々に、皆は改めてその美しさを認識したのではないだろうか。これらの一連の作業は、根気のいる仕事であったが、これからの可能性が見えてくるような取り組みでもあった。公園の開園に向けて、自生種の育成が一つの産業として成り立たないかという希望を持っていたが、実際には、手間暇かけて育てた苗も価格は、通常の苗と代わらない買取り価格になり、利益を上げることは到底難しかった。自生種の流通に向けては、行政が農家へのそれなりの担保を保証するシステムをつくらないと今後の発展は難しいと思われる。

学生たちは、毎年開催されるひまわり祭りにも参加して、地域の野菜を用いた料理の試作品や、遺跡周辺の樹林から採取した竹材を使った園芸作品などを提供した。また、五斗長の植物や生き物を紹介する自然観察会を開催し、パネル展示も行った。他には、公園に隣接する市民農園の提案をさらに具体的に行ったり、植栽した草本のパネルを展示したりした。地域の方々が参画した染色や

市民農園の提案

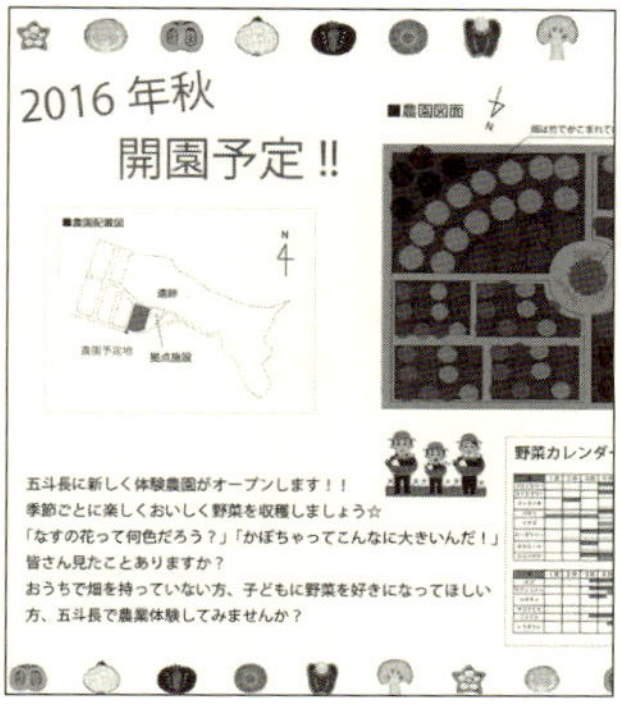

遺跡公園の基本計画の原案(3)

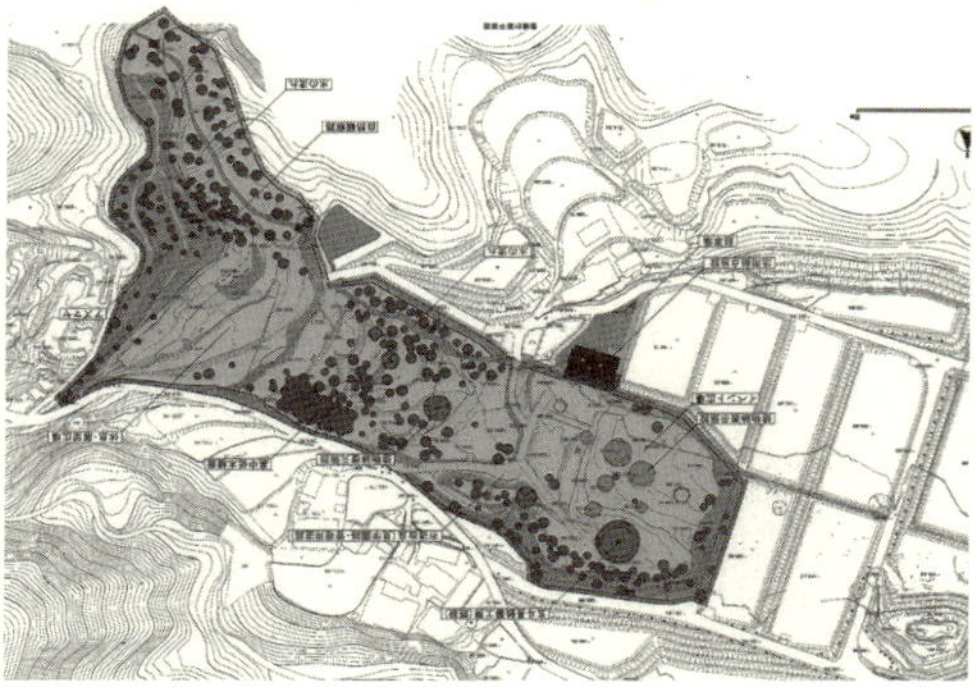

勾玉づくりなども賑わいを添えた。

公園の整備計画が進んでいく

一方、公園の整備検討委員会で検討するなか、公園の基本計画は、順次実施設計へと進んでいった。公園をいくつかのゾーンに分けて、竪穴式住居の展示や、広場、森、草地の範囲が明らかになってきた。

学生のS君は、彼の卒業研究の中で、熱心に弥生の森の研究を進めてくれた。公園の中で、土壌や、日照条件の違いによって、エリア毎の植栽計画を立てた。遺跡公園の谷筋の湿地や樹林では、代償植生として、既にアカメヤナギやアキニレなど種々の樹木が存在していた。これらのものは温存しながら、ゆっくりとした時間をかけて弥生の森を育てていけばよいと考えた。雨が降るとあちこちで水の道ができるこの湿地のエリアは、現存する植生と合わせて、日陰でもよく育つ常緑を主体とした植栽を計画した。谷筋の特に日陰のエリアには、アオキ、ウバメガシ、シロダモ、ヤブニッケイなどの樹種や、その他の日向地にもオニグルミなど、適性のある樹木を考えた。

公園中央部の尾根筋の乾燥したエリアは、造成することによって更地になっていたが、ここには近畿に自生している草本類を植栽するゾーンや、広場的に利用し、植栽を行わないゾーンなどもつくりながら、その場所に適切な樹種を

地域住民や子どもたちによる植樹活動

植栽することとした。イロハモミジやクヌギ、コナラなども植栽した。まさに、地域の植物を用いた弥生の森づくりが始まった。

今は、廃校になってしまったI小学校の児童たちも植栽に参加した。また、地元の女子プロ野球チームの皆さんも一緒に手植えした。そして、弥生の森講座の受講生たちも熱心に取り組んでくださった。

植栽に用いるための植物の保有量が需要に追いつかない側面があったが、採取や育成による苗木の植栽を根気強く行政も受け入れてくれた。現時点では、地域住民の方々や、専門家による植物の保有をさらに進めていく必要がある。今後は、行政や地域、そして専門家が連携して地域の植物を中心とした苗木供給の仕組みづくりを進めていくことがぜひとも必要である。

【注・引用文献】

（1）（株）五斗長営農「HPごっさ　五斗長　GOSSA」2019．1．8
http://gossa-awaji.jp/onion/

（2）五斗長まちづくり協議会提供

（3）淡路市社会教育課提供

（4）安田善憲、三好教夫（1998）「図説　日本列島植生史」朝倉書店、302pp

（5）「五斗長垣内遺跡発掘調査報告（2011）」淡路市教育委員会、245p

英国　キュー王立植物園

column

地域と共生する植物園を

岩槻邦男

植物園といえば、入園券を買って、育てられた花とみどりを鑑賞する施設と理解される。多様な植物を収集し、豊かな資料を用いて研究を行い、その成果に基づいて生涯学習を支援し、珍しい花とみどりで人々のこころに癒しをもたらす植物園は地域にとって貴重な場である。

人々の暮らしに潤いを与えるものに、公園や並木など、花とみどりに富む場も設定されている。寺社の庭園など、みどりに富む点では植物園的な面が人々に親しまれる。

兵庫県立淡路景観園芸学校は研究等の関わりで多様な植物を栽培しているのだから、公開できる施設がさらに充実されれば、地域との接点としてより好ましい。その場合、市民に公開するとしても、多分善意の無料開放が望ましい。

島の人や観光客などが自由に出入りできるとなれば、管理上の課題が気になる。監視態勢が整っていないところでは、盗採のような事故がなくならない現実は、植物園等施設に限

インドネシア　バリ植物園

らない。研究上の必要から有毒植物も栽培することのある薬用植物園では、有料でも公開することがためらわれている。逸出して、地域に誤って外来植物を導入することがないような管理も大切な課題である。

かつては無料で開放されていたイギリスのキュー王立植物園では、子どものいたずらを防ぐために、はじめほんの数ペンスの入園料を徴収するようになったという。全園無料解放だったシンガポール植物園も、今はラン園だけは有料である。一方、ヨーロッパの大学の植物園の多くは、無料開放されている。日本の教育機関でそれができないはずはないのだが。

うまい具合にマイナスの要素を取り去ることができるなら、花とみどりは地域の人々と学校が接する素晴らしい交差点になるはずである。近頃、大学等で開かれる公開講座は、一方通行で知識が伝達されることも多い。植物園等施設で市民と学校が触れ合うなら、知識の交流も相互主義に基づくものであり得るだろう。このような視点で植物園類似施設が整えられ、活用されることが期待される。

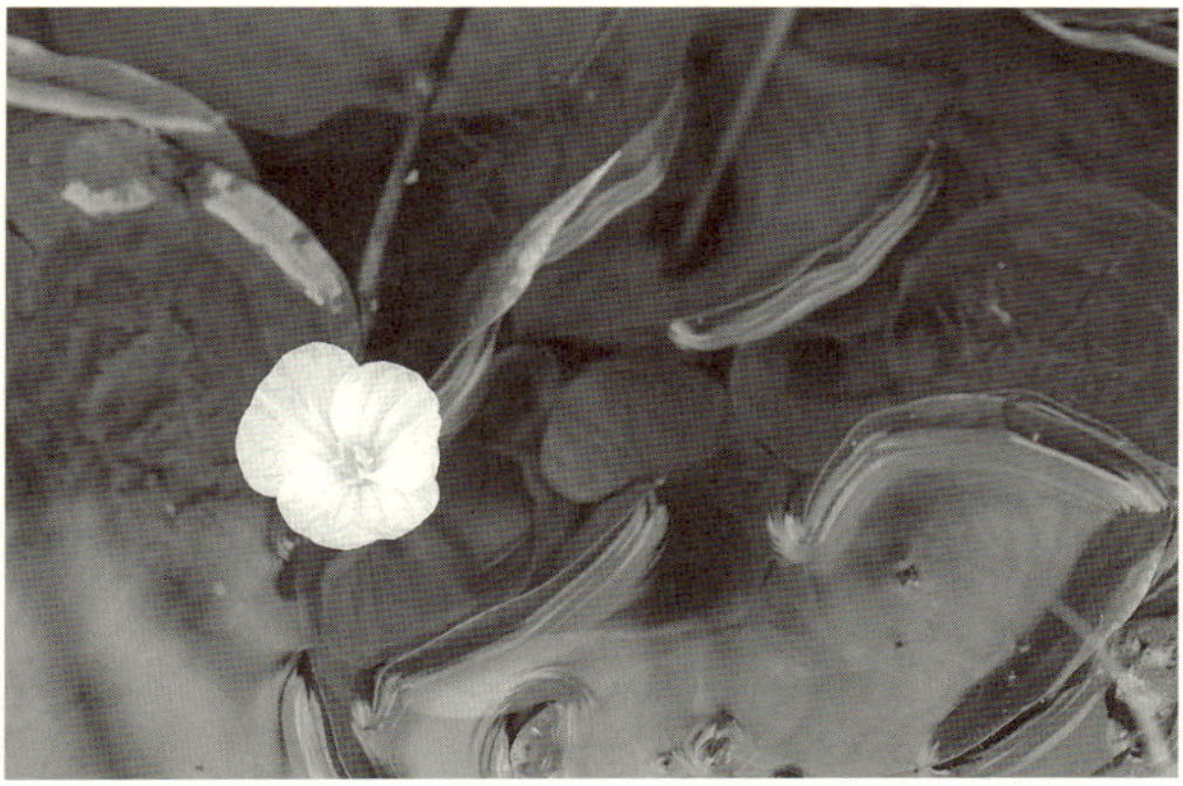

用水路のミズオオバコ

淡路島の里地の小学校における環境教育

澤田佳宏

当たり前の生き物が当たり前に見られる淡路島

２００７年、淡路景観園芸学校に職を得た僕は、演習授業の下見のために、また、研究サイトを探すために、そして単に個人的な楽しみのために、島内各地の里地（農村）をカメラや双眼鏡を片手にうろつきはじめた。そして間もなく、淡路島の里地はとてもすばらしい場所だということに気が付いた。そこには、いて当たり前の生き物が当たり前に見られたからだ。

山の上の小さなため池や放棄湿田には、サンショウモやタヌキモ、ミクリやミズオオバコなどの水生植物がひっそりと生えていた。小さな水路ではメダカやイモリが泳ぎ、イシガメのあかちゃんがのたのたと這っていた。棚田の畦ではキジムシロ、カワラナデシコ、スズサイコ、リンドウなど、草原の植物が次々に咲いた。夜には林からフクロウの声が聞こえてきた。ノウサギやテン、タヌキ、イノシシとはそこら中でなんども顔を合わせたし、カヤネズミの球巣はあちこちで目に入った。

これらの生き物は、里地の二次的自然（人の手が入った環境に成立する自然）をすみかとする生き物で、里地なら本来いて当たり前の生き物だ。しかし残念

用水路を這うイシガメ

畦畔に咲くリンドウ

なことに、日本中の多くの地域で、これらの生き物は当たり前には見られなくなってきた。その理由として、昭和中期の生活様式の変化に伴う里山利用の衰退、都市化による里山環境の消失、圃場整備の進展による里山環境の改変、そして、人口減少や高齢化に伴う農地の放棄・荒廃などが挙げられる(1)。全国的にはそのような状況なので、いて当たり前の生き物が当たり前にみられる淡路島はすばらしい場所だと感じたわけだ。

しかし、これから先もこのすばらしさ、里地の自然の豊かさを残せるかどうか、不安がないわけではない。僕がこの島に来てからのわずか10年ほどの間にも、中山間地域の里地の環境は変化しつづけている。大規模な圃場整備事業は今まさに淡路島の棚田地帯で進行中である。また、農家の高齢化が顕著で、耕作放棄地が年々増えている。圃場整備は地域の農業の持続・発展のためには必要だが、今の工法よりもう少し、自然環境に配慮した工法で行う必要がある。人口減少にすぐに打てる手はなかなかないが、地域の魅力である自然環境を守ることが、長期的には地域の衰退抑止につながるかもしれない。

地域の豊かさに気づくための環境教育

環境教育は、自然環境の保護や保全についての教育だが、時代とともにその内容には変化があった。日本の環境教育は、1950〜60年代に公害教育として始まった。その後、自然観察会などを通して自然についての科学的理解を目指す教育や、現代の生活では得られにくい各種の原体験を得る機会、自分たちの生活と地球規模での環境問題とを関連づけて考える教育などへ、環境教育のテーマは広がっていった(2)(3)(4)。

いま、淡路島のような、里地の自然が維持されている地域で必要とされる環境教育は、地域の環境の価値について理解を促すものと考える。地域の将来を担う世代が地域の自然環境に興味と愛着を持つきっかけとするために、地域の自然環境の価値を実感できるプログラムが必要だ。淡路島では、高校を卒業した若者は都会へと流出する傾向があるが、そのような若者が都市生活を送ったあとで、もういちど淡路島に戻って地域の豊かさを生かして暮らしていきたいと思うような、そのための知識と体験を提供したい。里地では、地域の自然の豊かさに気づくことを目的とした、地域に特化したプログラムが必要である。

小学校の環境教育の授業を引き受ける理由

僕の元には近隣の小学校からの環境教育の依頼が年に数回寄せられる。こうした依頼は基本的に断らず、すべて引き受けることにしている。断らない理由の一つは、学生に環境教育実践の機会が与えられる利点があるからであるが(5)もう一つの理由は、なによりも淡路島の子どもたちに地域の自然に興味と愛着をもってもらうチャンスだからだ。

淡路島の丘陵地には棚田景観が広がり、2万3000個ものため池があり（日本のため池数の10％以上）、海岸には様々なタイプの海岸生態系がある。すでに開発や整備で幾分は失われているが、健全な生態系がまだ各所に残っている。こうした良好な自然環境をこの先も残していけるかどうかは、最終的には地域の人の意識によって決まる。だから、地域の人が身近な自然に興味や愛着を持ち、知識を持つことが、これらの環境の保全のために重要だ。小学校での環境教育は、そのためのささやかな種播きだ。

2007年から2017年までに、島内の複数の小学校で環境教育の授業を延べ62回実施してきた。本稿では、小学生を対象とした、地域に特化した環境教育の事例を紹介する。

●プログラムを考えるときに心がけていること

小学校の環境教育では、地域の自然の豊かさに気づくため、まずは地域の自然を楽しむこととしている。そのときの視点には、「地域の人の営みと生き物の関係をみつめるもの」「地域に生息する生き物の生態の面白さをみつめるもの」など、その時々のねらいで様々である。しかし、いずれの場合でも、児童らが身の周りの自然に興味を持つきっかけにするために、以下のことを心がけてプログラムを考えている。

（1） フィールドは小学校のそば

一つめは、小学校からできるだけ近い場所で実施することである。自分の生活圏の自然に愛着を持ってもらいたいので、遠くの自然ではなく、足元の自然を知ってほしいからだ。62回のプログラムのうち54回は、小学校から徒歩10分圏内、2回は10分以上かかるが校区内、6回は校区外ではあるが市内で実施した。

（2） 地域の生き物文化を取り込む

二つめは、地域の生き物文化を取り込むことである。生き物文化とは、里地里山の植物や動物を生活の中で用いる文化を指し、地域の自然環境の下で育まれてきた文化である。これは、児童らが地域の自然に興味を持つきっかけとしても有効と考えている。筆者の研究室では、地域の生き物文化の聞き書きに細々と取り組んでおり、得られた知見を環境教育のプログラムに随時とり入れ、児童に伝えるようにしている。

このことを最初に意識したのは２０１０年2月の「七草粥（七種粥）」の授業である。当時の学生が淡路島のある地域でススキの箸で七草粥を食べるという話を聞き、これを小学校の環境教育で試してみた。すると参加していた小学校の先生方が「そういえば昔やってた」「うちは今でもやってる」「ススキは穂をつけたまま箸にする」「穂でとなりの人をこそばして（くすぐって）からお

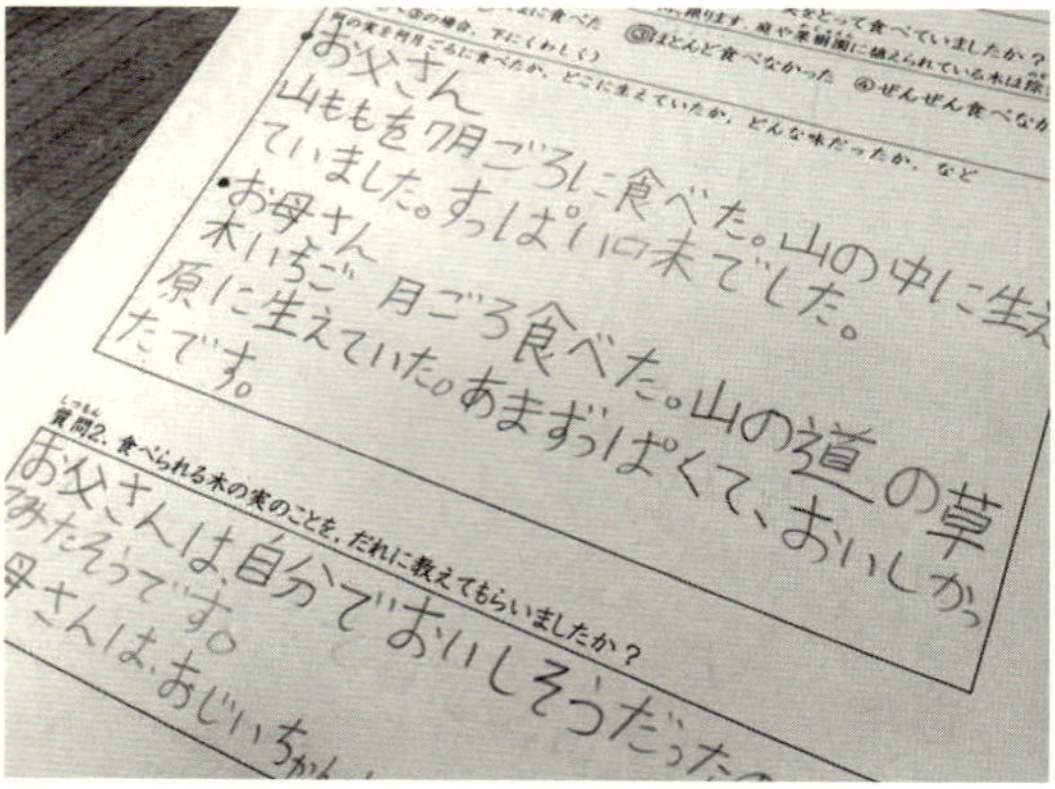

児童による父母や祖父母へのインタビュー

かゆを食べた」と盛り上がり、淡路島北部の各地で同様の風習が行われていたことが判明した。このとき児童に地域の文化を伝える一方で、学生は新たなデータを得ることとなった。

これを発展させて、2012年から「おばあちゃんかおじいちゃんにインタビュー」と「お父さんかお母さんにインタビュー」を開始した。これは、児童が事前学習の課題として、身近な大人（祖父母世代・父母世代）にインタビューをし、過去の人と生き物の関わりを調べるものである。この課題は、児童らが身近な大人から地域の文化を直接聞く機会（伝承の機会）をつくる仕掛けにもなっている。これまでに、ため池あそび、七草粥、木の実体験、川あそびについて、インタビュー課題を出してきた（表1）。インタビューの結果は、授業当日に児童が発表し、人と生き物との関係が世代間で変化する事をたしかめている。その上で、児童らがその生き物文化を体験することとしている。

（3）原体験型プログラムでもねらいを明確に

3つめは、たとえ低学年向けの原体験型プログラムであっても、そのねらいを明確にすることである。

活動の初期（2007〜2008年）、低学年を対象として、植物に親しむことを目的として「植物を使った貼り絵」などのプログラムを実施した。学校周辺の様々な環境でさまざまな植物を集めてきて、これを材料に貼り絵を作ると

表１　祖父母世代と父母世代へのインタビューシートの内容（抜粋）

ため池の思い出インタビュー　(2012.11-2016.10.　これまでに２回実施)
1．こどものころ、ため池で泳いであそびましたか？
2．ため池でつりをしましたか？　何をつりましたか？
3．ため池のコイやフナをとってたべたことがありますか？どうやってたべましたか？
4．ため池のタニシをとってたべたことがありますか？どうやってたべましたか？
5．ため池のカラスガイ*をとってたべたことがありますか？どうやってたべましたか？
6．ため池のエビをとってたべたことがありますか？どうやってたべましたか？
7．ため池に生えているヒシをとってたべたことがありますか？どうやってたべましたか？
8．ため池の楽しい思い出、おしえてください。

ななくさがゆの思い出インタビュー　(2013.2-2017.1.　これまでに８回実施)
1．こどものころ、七草がゆを食べていましたか？
2．七草をどうやって手に入れましたか？　・近所でつんだ　・お店で買った　・そのほか
3．七草の種類は決まってましたか？
・「せり　なずな　ごぎょう　はこべら　ほとけのざ　すずな　すずしろ」に決まっていた
・上の七草とはちがうものに決まっていた
・決まっていなかった。てきとうに近所にあるものをつんできた　・そのほか
4．七草がゆを何をつかって食べましたか？
・ふつうのおはし　・とくべつなおはし（どんなおはし？　　　　　　）　・スプーン　・そのほか
5．七草がゆの思い出をおしえてください。

木の実の思い出インタビュー（以下は2015年改良版）　(2013.11-2017.11.　これまでに６回実施)
1．野山や里に自然に生えている木から，木の実をとって食べていましたか？
（グミやアケビなどの自然に生えている木に限ります．庭や果樹園に植えられている木は除きます）
・よく食べた　・たまに食べた　・ほとんど食べなかった　・ぜんぜん食べなかった
⇒食べた方は、何の実を何月ごろに食べたか，どこに生えていたか，どんな味だったか，など
2．食べられる木の実のことを，だれに教えてもらいましたか？
3．食べる以外に木の実を利用したことはありますか？
・遊びに使った　・生活での利用など
4．木の実にまつわる思い出をおしえてください．
5．子どものころはどんな場所で何をして遊んでいましたか？

川あそびの思い出インタビュー　(2017.9.　これまでに１回実施)
1．こどものころ、川や池で、魚やエビや貝をつかまえていましたか？
・よくやっていた　・たまにやっていた　・ほとんどやらなかった　・そのほか
2．どうやって、魚やエビや貝をつかまえていましたか？
3．何という名前の魚やエビや貝をつかまえていましたか？
4．つかまえた生き物はどうしましたか？
・たべた　・かっていた　・つりのエサにした　・そのほか
5．それは、いつごろですか？　場所はどこですか？
・昭和・平成（　　　　）年ごろ、場所は（　　　　　　　　　　　　　）です。

共通
答えてくれたのは、（おじいちゃん・おばあちゃん・お父さん・お母さん）です。
年は（　　　）才です。育った町は（　　　　　）です。

＊ 淡路島の方言名カラスガイは、ため池の大型の二枚貝を指し、主にドブガイを指すようである。

冬の田で七草を探す

いうものである。これは原体験型のプログラムとして事例集などで見かけるものである。しかし、実施してみて、このプログラムで身近な自然に対してなんらかの気づきがあるだろうかと疑問を抱いた。その程度の植物体験であれば、淡路島の子どもたちであれば普段からそれほど不足はしていない。そこから一歩すすめた気づきが必要ではないか。そこで２００９年、低学年向けプログラムとして「プチはなたば」を提案して実施した。このプログラムのねらいは、「お百姓さんが草刈りをする畦にいろいろな種類の花が咲く」ことに児童の目を向けることである。児童は学生といっしょに畦畔草原で花を探し、プリンカップの中に小さな花束をつくる。その際、学生から子どもたちに、「すてきな花たばを作るには、いろんな色・いろんな形の花を使うといいよ」と促し、また花を摘む場所が草刈りをする畦であることを伝えるようにした。児童の約半分は農家の子で、畦が草刈りをする場所であることは知っていたが、畦にたくさんの種類の花が咲くことはこのプログラムを通じて理解したようであった。

これまでに実施したプログラムの例

これまでに実施した62回のプログラムのうち、植物を主な観察対象としたプログラムが54回、動物（魚類・節足動物など）を観察対象としたプログラムが9回で、植物を扱うプログラムを多く行っている。植物を対象とした54回のう

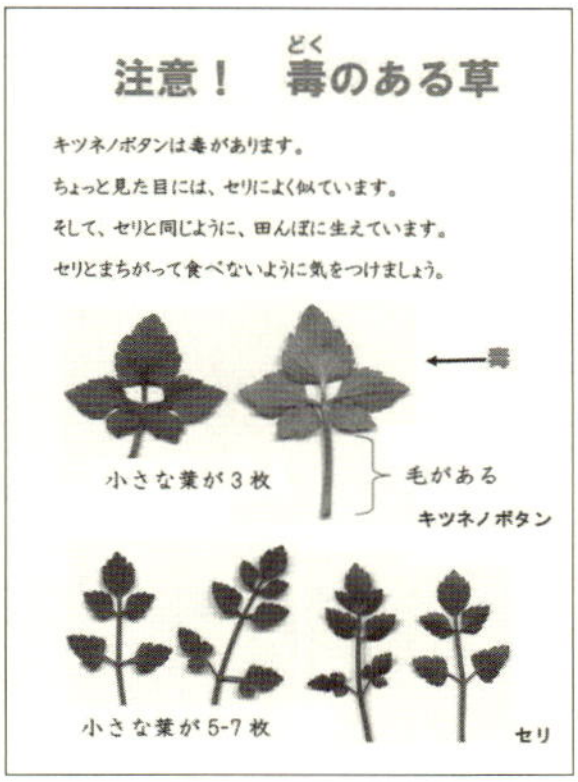
注意！　毒《どく》のある草
キツネノボタンは毒があります。
ちょっと見た目には、セリによく似ています。
そして、セリと同じように、田んぼに生えています。
セリとまちがって食べないように気をつけましょう。
毒
小さな葉が３枚
毛がある
キツネノボタン
小さな葉が5-7枚
セリ
セリとキツネノボタンの見分けカード

七草粥バイキング

ち、海浜植生での実施が6回、畦畔草原が3回、水田雑草群落が12回、河川敷の植生が4回となっている。水田雑草群落の回数が多いのは、七草粥の授業を繰り返し実施しているためである。以下に反応のよかったプログラムについて説明する。

（1）「ススキのおはしでななくさがゆを食べよう」

「ススキのおはしでななくさがゆを食べよう」は、小学校の近隣の水田で春の七草を採取し、調理実習室で七草粥をつくって食べるプログラムである。2008年〜2018年までに3つの小学校で小学2〜5年生を対象として12回実施した。このプログラムのねらいは、自分で摘んだ野草を食べる体験を通して耕作地の雑草に親しむこと、身近な田畑に食べられる雑草がたくさんあると知ることである。また、ススキのおはしという地域文化を伝承することもねらいとしている。

プログラムでは、まず教室で、事前学習課題（表1）の結果を児童が発表する。おおむね父母世代は「せり・なずな・ごぎょう・はこべら・ほとけのざ・すずな・すずしろ」の七草をスーパーなどで購入して七草粥を作っており、祖父母世代では種類を定めずに数種類の野草や野菜を詰んで用いたという傾向がある。

事前課題（祖父母・父母へのインタビュー）の結果を共有した後、学校から外へでてススキと七草を採集する。セリを採集する際、同所的に有毒のキツネ

シイをほうろくで煎る

ヤマモモを傘であつめる

ノボタンが生えていることが多いので、見分け方をしっかりと伝えて間違わないように注意し、野山の草を分からずに食べることは危険であるということも併せて伝えている。水田では、セリ・ナズナ・ハハコグサ・ハコベ・コオニタビラコの他に、タネツケバナやヨモギなどを追加で採る場合もあるが、ヨモギは少量でおかゆの味に大きな影響を与えるのであまり使わない方がよい。

採集を終えたら調理実習室へ持ち込み、別途用意したカブとダイコンの葉を加えて七草粥をつくる。調理の段階でもう一度、有毒植物の混入がないことを確認する。以前は七草を刻んで粥に入れていたが、ここ数年は種類ごとに分けて茹で、それぞれ別の皿に盛って「七草粥バイキング」にしている。こうすることで味の違いを確認し、野草を摘んで食べる体験を強化できていると思う。

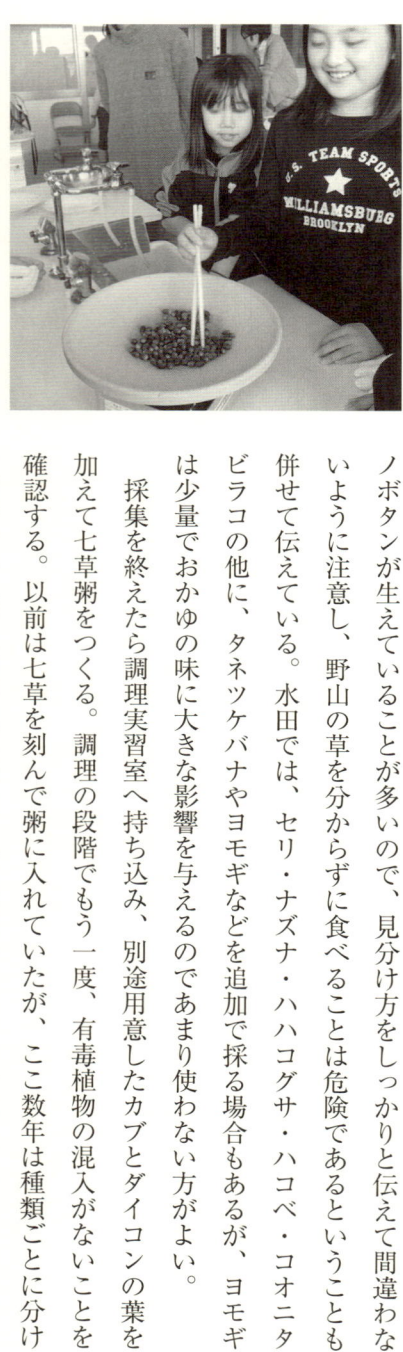

(2)「木の実のめぐみ」

「木の実のめぐみ」は、児童が祖父母世代にインタビューした結果をもとに、祖父母世代が行っていた方法で、ヤマモモやシイなどの木の実を味わうプログラムである。身近に自生しているシイやヤマモモに児童らの目を向けることをねらいとしている。

祖父母世代へのインタビューに基づいて、6月にはカサを使ってヤマモモを集め、11月には拾い集めたシイの実をほうろくで煎って食べた。ヤマモモやシイの実を目指して歩いている途中でも、祖父母や父母が子どもの頃に食べて

笹の仕掛けでエビを獲る

調理したタニシ

いた木の実に出会う。たとえば、キイチゴ属、アケビやムベ、地元で「えびこ」と呼ばれるエビヅル、イヌマキなどである。これらもその場で集めて食べた。エビヅルの実を食べる時には、口の中が青紫色に染まるのも楽しんだ。授業の最後に、月ごとになる木の実と淡路島での方言名を紹介する「木の実カレンダー」（口絵参照）を子どもたちに配布した。このカレンダーは当時、兵庫県立大学大学院緑環境景観マネジメント研究科の学生だった奥井かおりさんが作成したものである。好評で、いまでもいくつかの小学校の教室に貼っていただいている。

（3）「ため池のめぐみ」

「ため池のめぐみ」は、小学校の近くのため池で、しかけや手網をつかってエビやタニシをつかまえて遊ぶプログラムである。もともとは、研究室の学生の研究テーマとして淡路島のため池の文化の聞き書きを行っており、その中で、ため池のタニシやエビを食べていたことや、その調理方法について把握をしていた。プログラムで実施した祖父母インタビューでも、タニシやスジエビを食べた話がちゃんと出てきた。

プログラムでは、学校から徒歩圏内のため池へ行き、児童らがつくったペットボトルの仕掛けや、前日にしかけておいた笹の束と柴漬けでエビや魚を獲った。タニシについてはあらかじめ食べることと決めていたが、エビは児童の意

小川で魚を獲る

見で飼育するか食べるかを決めることとした。結局、食べたいという児童が多かったので素揚げにして食べた。

プログラム実施当日は、ため池の管理者である70代の男性をゲスト講師として招いた。柴漬けの仕掛けもこの方に教わった。児童が祖父母世代と直接交流しながらため池文化を楽しめたという点で、有意義なプログラムとなった。

(4)「川の生き物」

「川の生き物」は、小学校の前を流れる小川で、仕掛けや手網をつかって魚などの水生生物をつかまえるプログラムである。事前の父母・祖父母インタビューをみると、祖父母世代の川遊び体験が豊かである。魚を採る方法としては、釣り、手網のほかに、手ぬぐいですくう、いさりで突く、ミミズをエサにカゴわなを仕掛けるなどが挙がってきた。また、手づかみで獲ったという声も多かった。捕まえた魚は、食べたり飼ったりしたほか、海で魚をつるためのエサにしたという話が多かった。

プログラムでは、児童らは手網を持って小川に入り、水生植物の生えている場所や砂礫底を足でしごいて、魚やエビ・カニ・水生昆虫を網で受けた。捕まえた生き物は、種類ごとに水槽に入れて観察した後、逃がした。

このプログラムはいまのところ試行段階で、改善の余地が大きい。事前のインタビューで多く出てくる「素手で魚をつかまえる」を実践したいが、僕も学生もこれが上手くできない。祖父母世代から直伝を受ける必要があると考えている。インタビューで出てくる淡水魚類の方言名に不明のものが多いこともあり、プログラム実施時に経験豊富な祖父母世代にゲスト講師として来ていただいて、現場で様々な伝承をしてもらうようにしていきたいと考えている。

●今後の課題

淡路島の里の小学校の多くは里地に立地し、小学校のすぐそばで七草の採集ができるなど、環境教育のフィールドには恵まれている。現在、祖父母世代が体験した自然あそびの多くが途絶えているが、それは、伝承が途絶えたためか、他の遊びにとって代わられたためと考えられ、環境が無くなったためではない。このため、環境教育をきっかけとして、祖父母世代が行っていた生き物文化が再開する可能性はある。実際、授業を受けた児童が数日後に家族といっしょに木の実を食べた、川の魚を採りに行った、野草を摘んで食べたという報告を小学校の先生からしばしば受けている。

祖父母世代の頃は、島内にも島外の都市近郊にも同様の環境がひろがっていたので、この環境の価値には気づきにくかったかもしれない。しかし、今は都市や都市近郊から失われたものが淡路島の里地に残っていることから、今の子どもたちが地域の環境の価値に気づく可能性はあると考えている。

これまで、環境教育の授業をおこなうことに手一杯で、これによって子どもたちが地域の自然に興味や愛着を持てているか、その効果の検証はできていない。また、小学生への普及活動のみで、中学・高校での継続ができていない。昨年度からは高校で畦畔草原の保全をテーマとした授業を開始したが、今後はこれを拡充していく必要がある。効果の検証と、中学高校でのプログラムの拡充が今後の課題である。

【引用文献】

（1）石井　実　監修（2005）「生態学からみた里やまの自然と保護」講談社サイエンティフィク、242pp

（2）高田　研・川嶋　直（1998）「自然保護教育　自然保護ハンドブック」（沼田眞 編）朝倉書店、278～286pp

（3）山田卓三・原体験教材開発研究グループ（1990）「ふるさとを感じるあそび事典―したい・させたい原体験300集―」農山村文化協会、364pp

（4）日本自然保護協会　編（1994）「小さな自然かんさつ　こどもと楽しむ身近な自然」平凡社、384pp

（5）澤田佳宏（2016）「造園系専門職大学院における生態学教育手法の共有の可能性（特集・「生態学教育のネットワークを築く」）」日本生態学会誌、66（3）、639―648pp

収穫直後の白山（しらやま）だだちゃ豆

column

だだちゃ豆は風景を創るか

平　智

山形県の日本海側、庄内地方の南部に位置する鶴岡市には60品目もの在来作物が現存する。「だだちゃ豆」はその代表格。今やうまい枝豆として全国的に人気があり、他の枝豆に比べて二粒莢が多いのが特徴である。決して見た目のいい豆ではない。だが、とにかくうまい！ 甘味（糖）と旨味（アミノ酸）がすこぶる強い。香りも独特である。

古くは庄内藩主に献上された枝豆だといわれている。だだちゃ豆の種子は、基本的には自家採種によって各農家に受け継がれている。近年は農協も地域の特産品として生産振興に力を注いでいる。もともと主な生産地は、市内の小真木《こまぎ》地区や白山《しらやま》地区などの比較的限られた地域だったと思われるが、今は、米どころとして有名な庄内平野の転作畑でも栽培されている。

だだちゃ豆は本来、収穫後の鮮度低下がとくに著しい豆であるが、最近の低温流通・輸送体制の整備と最新の機能性フィルムを使った鮮度保持技術の進歩のおかげで、長距離輸送

空から見た庄内平野（2001年の秋ごろ）。遠くに月山を望む

が可能になってきた。その結果、産地から遠く離れて暮らしている人たちも、うまいだだちゃ豆をつまみにビールが飲めるようになった。

さて、山形県には空港が二つある。そのうちの一つが1991年の秋に開港した庄内空港で、鶴岡市と酒田市との中間の位置にある。

天気のいい日は、離着陸する飛行機の窓から月山や鳥海山の雄姿とともに広大な庄内平野が一望できる。開港して間もない頃の庄内平野は、夏は稲の緑のじゅうたん、秋は一面黄金色の絶景であった。その後、国の減反政策の実施に伴って水田転作が進み、大豆やとうもろこしの畑が増えた。空から見る庄内平野の風景はジグソーパズルのようになってきている。

庄内平野に増えつつあるだだちゃ豆畑。これから先、どの程度まで広がるだろうか。果たしてだだちゃ豆は、庄内平野に新しい風景を創り出すことができるのだろうか。

伝統野菜で地域おこし

札埜高志

本校での「兵庫絹莢えん豆」（兵庫県の伝統野菜の一つ）の栽培

はじめに

伝統野菜とは、各地で古くから栽培・利用されてきた野菜の在来品種のことで、その土地でタネ取りを繰り返していく中で、その土地の気候や風土にあった野菜として確立されてきたものである。地方野菜とも呼ばれ、日本全国には多数の伝統野菜があるといわれている。１９６５年から、収量が多く、病気に強く、形がそろっているといった理由から交配品種が野菜栽培の主流となり、伝統野菜は徐々に市場から姿を消していった。近年になって、地域の風土や生活に深く結びついている伝統野菜の復活をめざす動きが全国各地で盛り上がっており、本校でも種苗会社や市民ボランティアグループと協働して兵庫県の伝統野菜の保存を始めた。伝統野菜は農業資源として重要であることは言うまでもなく、昔ながらの地域の食文化や生活様式、農村の景観などにもかかわる重要な要因であると思われる。

ひょうごの在来種保存会によると、兵庫県には伝統野菜などの在来作物が70種類近くあることが確認されている。今回、兵庫県の伝統野菜の再生の立役者のお一人である小林保氏のお話を伺う機会に恵まれた。小林氏は兵庫県農業試験場宝塚分場や兵庫県農林水産技術総合センターでの在職中に兵庫県の伝統野菜の研究および普及に尽され、退職後もひょうごの在来種保存会の世話人として活躍されている。ここでは小林氏が直接かかわった「武庫一寸そらまめ」と「岩津ねぎ」を中心に、兵庫県の伝統野菜の復活とそれらを利用した地域おこしについて紹介する。

●「武庫一寸そらまめ」のルーツ

現在、日本にはソラマメの品種が数多くあるが、それらの中でも多く食べられているのは比較的大きな豆の一寸そらまめ系の品種である。兵庫県では一寸そらまめ系品種が古くから栽培されており、兵庫県は日本の一寸そらまめ系品種のルーツであると言われている。聖武天皇の時代の７３４年8月にインドの僧侶である菩提仙那《ぼだいせんな》が中国を経て来朝した際、行基上人《ぎょうきしょうにん》が摂津の難波津に迎えた。この時に仙那が、「王墳豆」を上人に与えて栽培をすすめ、上人がこれを摂津の武庫村（現尼崎市武庫）の岡治《おかじ》氏に試作させたのが一寸そらまめ系品種の起源とされている。その後、「於多福《おたふく》」という名で広まり、農家がそれぞれに選抜して、「尼一寸そらまめ」や「富松一寸そらまめ」などの系統が生まれた。地元の尼崎では集落ごとにタネ取りが繰り返され、しだいに本来の形質が失われたため、１９３０年頃に武庫村農会の採種組合が優良系統「武庫一寸そらまめ」を選抜した。1955年頃には、この地域は全国有数のソラマメの産地となり、最盛期は約30haのソラマメ畑が広がっていた。しかし、その後は都市化の影響により農地の減少に伴ってソラマメの生産量も低下し、1980年頃には一部の農地で農家の自家消費用として細々と栽培されている状況までになった。

「武庫一寸そらまめ」の栽培圃場（小林保氏提供）

「武庫一寸そらまめ」の復活

1982年から地域ブランド育成のため、兵庫県の農業試験場宝塚分場が「武庫一寸そらまめ」の系統選抜[1]に着手した。伝統野菜において優良な系統を適正に選抜するためには、選抜の基準を定める必要がある。通常は収量が多いとか果実品質が高いといった基準を設ける。しかし、ここでは文献にもとづいた「武庫一寸そらまめ」らしさに選抜の基準が定められた。1951年に兵庫県農業試験場が発行した『兵庫の園芸』には兵庫県の伝統野菜について詳細に記載されている。この資料に掲載されているデータや写真をもとにして推察した特性を「武庫一寸そらまめ」の選抜基準とした。例えば、一般的なソラマメの系統選抜では1つの莢に3粒以上の豆がなる系統を目標とするが、「武庫一寸そらまめ」は1莢中の粒数が1～2粒の場合が多く、3粒の豆が入っている莢は稀であるとの記載があったことから、1～2粒の豆が入る莢の比率の高い系統を選抜することとした。宝塚農業改良普及所がタネを収集し、農業試験場が系統栽培を行い、この設定基準と近い系統を残していった。実際には選抜した系統よりも優れた系統、例えば草丈が高く、収量が高い系統などが存在したが、それらは本来の「武庫一寸そらまめ」ではないと判断し、選抜候補からは外すこととした。選抜したオリジナルに近い系統を「武庫一寸そらまめ」として、そのタネを地元JAに返還した。タネの生産は分譲依頼があった姫路市の山陽種苗株式会社に委託した。山陽種苗は、この系統から再度選抜を行い、緑色が強く小ぶりで味が良いタイプの「武庫一寸そらまめ」を販売し、現在尼崎のJAではこの系統を用いている。一方、農業試験場は農業改良普及センターと協力して、三田市、三木市などでも「武庫一寸そらまめ」を栽培し、一大産地を作り上げようとしたが、尼崎よりも寒い地方で「武庫一寸そらまめ」の生産を採算ベースに乗せることが難しく、産地育成は継続しなかった。結局、長年栽培されてきた尼崎でのみ「武庫一寸そらまめ」が生産され続けられることとなった。

『兵庫の園芸』に「武庫一寸そらまめ」などの伝統野菜が記載されていることからも分かるように、1951年の時点で兵庫県の農業試験場は地域の特産物として伝統野菜の重要性を認識していた。1986年に発刊された『兵庫の野菜園芸』には、地域特産野菜として「武庫一寸そらまめ」や「岩津ねぎ」な

淡路島でのタマネギ栽培

どの他に、当時は存在が確認できていない野菜まで記録されている。その当時の農業試験場淡路島分場では特産タマネギの品種改良を行い、優良三系統を選抜した。現在、淡路島特産のタマネギ品種の多くは香川県の種苗会社七宝《しっぽう》育成のものであるが、それらの交配親は大阪の泉南から導入した品種から作出した「淡路中甲高黄《あわじちゅうこうだかき》」などである。淡路島特産のタマネギ品種は「淡路中甲高黄」から派生した品種であるため、伝統野菜の流れを汲んでいるといえる。なお、「淡路中甲高黄」自体は玉揃いが悪く、分球しやすいので、現在の主力品種に比べると栽培するのが難しい。

「武庫一寸そらまめ」と「富松一寸そらまめ」

兵庫県農業試験場が「武庫一寸そらまめ」の系統選抜が終了する頃に、尼崎市の富松《とまつ》地区では、別の団体による尼崎の一寸そらまめの保存活動が始まった。尼崎市の富松地域では、1997年に富松神社や地元の農家らが中心となり富松豆保存研究会が発足し、地元に残る系統を活用し、「富松一寸そらまめ」の保存活動を開始した。これと同時に兵庫県農業試験場が「武庫一寸そらまめ」の選抜系統を地域に持って行き、地域おこしに活用してもらうように依頼したので、現在は「武庫一寸そらまめ」と「富松一寸そらまめ」の二系統が尼崎の伝統野菜として地元小学校での食育や都市農業を通した地域おこしにも活用さ

富松神社（小林保氏提供）

れている。

実際には地域の方は「富松一寸そらまめ」を地域おこしに利用していることが多い。富松地域の方からすると「武庫一寸そらまめ」は武庫郡の系統であり、川辺郡の富松地域からタネを集めた「富松一寸そらまめ」とは別のものであるとの認識があるためだと思われる。

●伝統野菜を都市部で栽培し続けることの難しさ

「武庫一寸そらまめ」も「富松一寸そらまめ」も復活直後の盛り上がっていた時に比べると、生産者の高齢化や農地の減少により、現在は両系統とも生産は衰退してきている。また、近い将来の難題として2022年問題[2]があり、都市部の農地は今以上に減少すると予測される。さらにソラマメは連作障害が顕著なため、3～4年ごとに栽培する農地を移動しなければならないので、ソラマメを長期的に作り続けようとすると、実際に栽培する面積の数倍の農地を確保する必要がある。このように2022年以降は都市部でソラマメを栽培することがとても難しくなると予測される。「富松一寸そらまめ」の保存会は1997年から活動しており、市民が畑を借りて生産の一端を担っている。その一方で高齢化により生産農家がどんどん減っている。尼崎には他にも「田能芋[3]」という伝統野菜がある。サトイモの一種である「田能芋」の生産では農

「田能芋」の栽培圃場（小林保氏提供）

家が高齢化で引退し、市民の方が田能芋保存会を立ち上げて保全活動を行っている。また、尼崎では「尼いも(4)」というサツマイモもある。こちらの方は原種が失われていたので、国の農業ジーンバンクから市民団体が種芋を取り寄せて復活を図った。現在は学校農園などで尼崎の産業史の学習に活用されている。これらのように、都市農業では、生産農家がいなくなれば、最後は市民がその担い手になることが多い。ただ、市民がタネを繰り返し取っていくと、袋かけなどをしないので、意図しない交配などで遺伝的には雑ぱくになってしまい、適正にタネを保存し続けることが困難になる場合が多い。

数年前から「富松一寸そらまめ」はタネを外部に譲渡するようになった。「富松一寸そらまめ」を広く知ってもらうために家庭菜園でも栽培してもらいたいとの想いによる。また、今年から有馬温泉が新しい特産物として「富松一寸そらまめ」を試作している。一寸そらまめは、行基上人が火付け役だと紹介したが、行基上人は有馬温泉とも関係が深いといわれている。これらを結びつけた有馬温泉の新たな特産物の誕生を期待している。有馬温泉はソラマメ栽培には少し寒いので、栽培方法を工夫する必要があるだろうが、数年先には名前を変えて「有馬一寸そらまめ」として店頭に並んでいるかもしれない。

「岩津ねぎ」の系統選抜（小林保氏提供）

「岩津ねぎ」のルーツ

京都の九条ネギを江戸幕府直轄の生野銀山の役人が岩津地域に導入したのが「岩津ねぎ」の始まりとされる。その後、栽培地域が少し拡大し、朝来町の「岩津ねぎ」になったと言われている。１９３０年頃に、分蘖性《ぶんげつ》⑸と輸送性の改良を目的に関東の一本太ネギが導入されて、これとの交雑で「改良岩津ねぎ」がつくられた。この両系統が最盛期には20haほど栽培されていたが、１９８０年代には2haまで減少した。２０００年代に朝来町、和田山町、生野町および山東町が合併してできた朝来市、JAならびに兵庫県関係機関が地元の農家と協力して「岩津ねぎ」を特産化し、現在は作付面積30haにまで復活した。

「岩津ねぎ」の復活

１９９０年頃、地域から失われつつあった「岩津ねぎ」がメディアに取り上げられて、とても美味しいと話題になった。「岩津ねぎ」は農家が個々にタネを取って代々栽培していたが、おいしさが知れわたり広く流通するようになると、品質のばらつきが問題となった。「岩津ねぎ」の優良系統を再生する方針が地元で起こり、２００３年から「岩津ねぎ」の系統選抜が実施された。現地の農業改良普及センターが11軒の農家から「岩津ねぎ」のタネを集めて、現地で栽培し、農業技術センターの研究員が優良系統の選抜を行った。普段の栽培

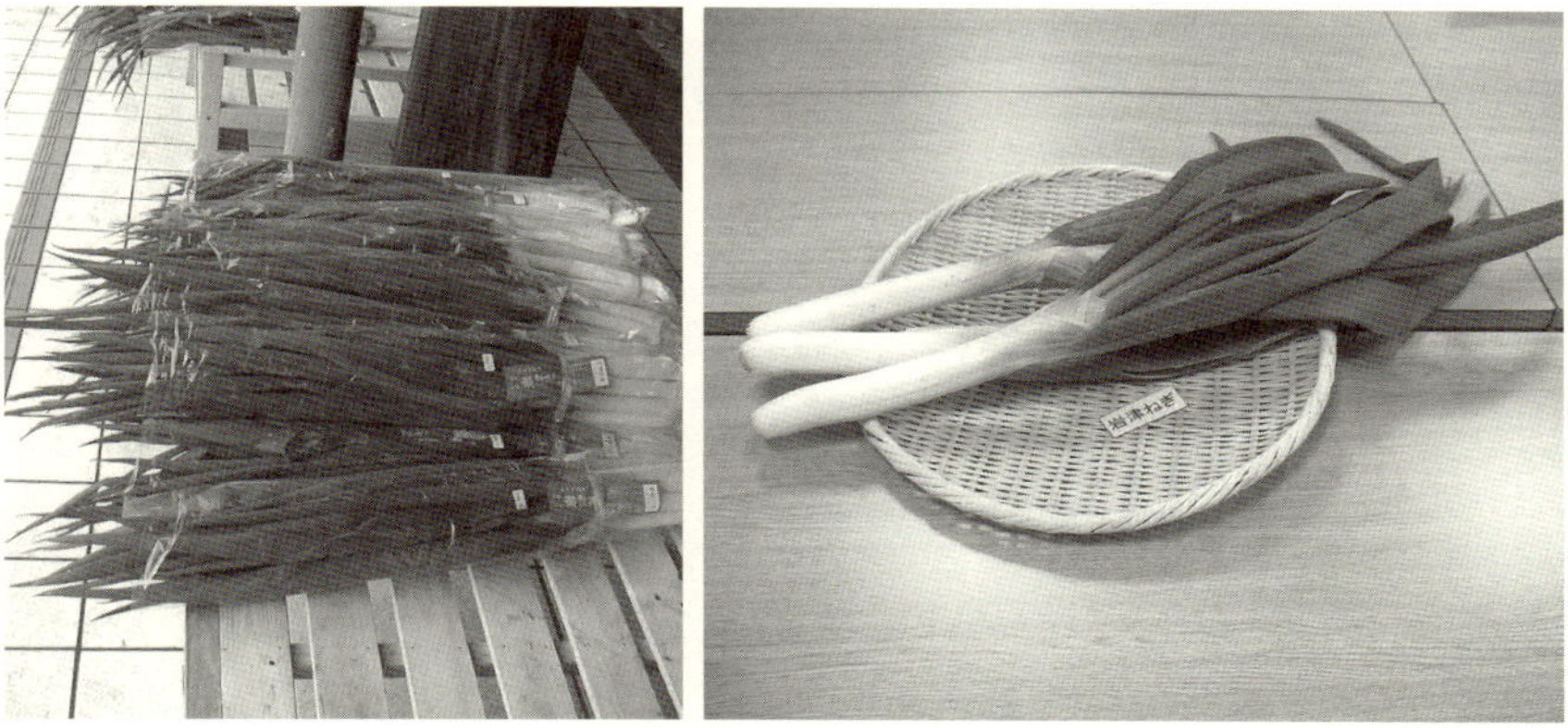

「岩津ねぎ」（小林保氏提供）

管理は地元の生産者代表が行い、採種管理はＪＡが担った。このように「岩津ねぎ」の再生プロジェクトは官民で成果を共有することを念頭に進められた。系統選抜終了後、タネは農業技術センターで原種保存すると同時に採種組合に譲渡された。「岩津ねぎ」の特徴を維持し、ブランド力を高めるには優れた原種の選抜と厳密な採種体制が重要である。現在でも「岩津ねぎ」の優良系統の維持管理には細心の注意が払われている。

　伝統野菜の優良系統を民間の力で維持するのは難しい。「岩津ねぎ」と同じ系統が朝来市以外の兵庫県下各地で栽培されており、他品種との自然交雑により新しい系統が生まれているようだ。しかし、「岩津ねぎ」は地元の農家が栽培している株からタネを取ることを徹底しているため、遺伝的に類似していても他系統を「岩津ねぎ」として栽培することはない。「岩津ねぎ」のタネ取り基準は明確であり、朝来市ではなく旧朝来町の農家からタネを集めているほどである。また、「岩津ねぎ」の名を厳格化するために地元産には商標登録して、産地の名声を高めている。なお、京野菜を管理している京都市では、遺伝的に均質な京野菜を維持するために、農家ではなく自治体が原種管理を行っている。

全国的に伝統野菜が再評価される

兵庫県の農業試験場では１９８０年頃から兵庫県の伝統野菜や地方の在来作

まちなみガーデンショーに出展した兵庫県の伝統野菜でデザインしたミニガーデン（小林保氏提供）

物の研究に力を入れてきた。１９９０年頃は伝統野菜・地方野菜に注目が多く集まった時期であり、兵庫県の農業試験場ではマイナーな地方野菜に関する研究も行っていたが、研究費や人員の削減などが原因で徐々に伝統野菜・地方野菜の研究から手を引くことになった。その後、全国各地で伝統野菜が再び注目されるようになり、農林水産省も伝統野菜の研究を推進するようになった。大阪府から声がかかり、なにわ伝統野菜など近畿地方の伝統野菜についての共同研究を農林水産省に申請したところ、この研究課題が採択され国庫から予算を得ることに成功した。こうして一時中断していた兵庫県の伝統野菜の研究を再開することになった。

２００４年度から兵庫県の農業試験場が「近畿地域の伝統野菜の高品質安定生産技術と地産地消モデルの開発」というテーマの研究を開始した。「岩津ねぎ」の生産規模を拡大したいとの要望が現地から上がっていたので、「岩津ねぎ」の高品質・安心ブランドの開発、機械化、省力化の研究を行った。先に示した優良系統の選抜試験の一部もこの事業の中で実施したものである。また、当時制定された食育基本法に則って伝統野菜を使った食育活動にも力を入れた。「武庫一寸そらまめ」や「岩津ねぎ」を学校でも簡単に栽培できるように段ボール箱や肥料袋を使った栽培マニュアルを作成した。さらに、兵庫県のまちなみガーデンショーに兵庫県の伝統野菜を植栽したミニガーデンを出展し、市民の皆さ

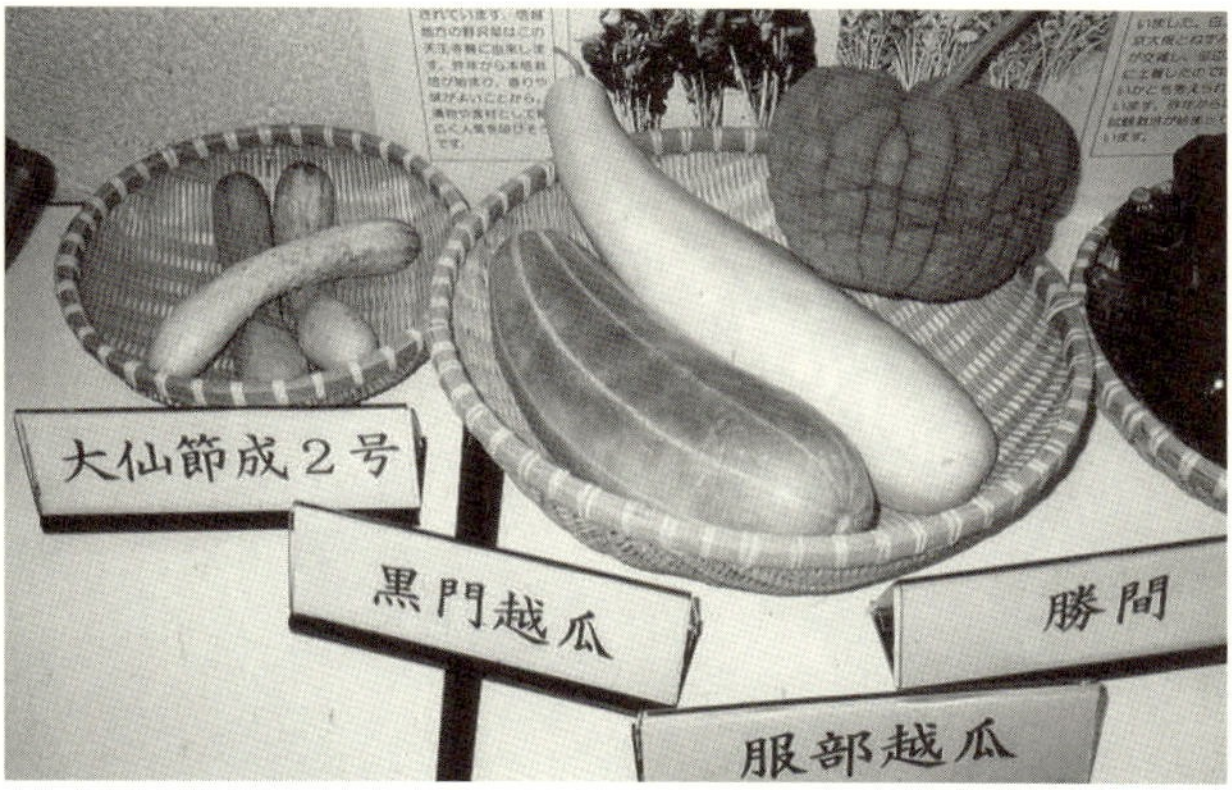

なにわ伝統野菜

んへの啓発活動も行った。

●野菜のルーツを紐解くべきか

現在、大学の規模の小さい研究室でも植物ＤＮＡの分析が可能であり、品種間の類縁関係や伝統野菜のルーツを推定することができる。伝統野菜はそのルーツにタブーを抱えている場合がある。例えば、東京に「千住ねぎ[6]」があるが、これは大阪府から関東に渡ったといわれている。「千住ねぎ」は主に白い部分を食べる根深（白ネギ）系統であり、大阪のネギは主に緑色の葉を食べる葉ネギ系統であり別のものである。大阪の人は「千住ねぎ」のルーツが大阪であると自慢するが、それは定説とは考えられない。また、京都の「九条ねぎ」は伏見稲荷神社創建時に大阪の「難波ねぎ」が持ち込まれたのが始まりであると言われる。しかし、この話はおよそ１３００年前のことなので証拠となる文献記録はない。その当時の仕掛け人が伝統野菜を特産化するために、後付けで印象的なストーリーを創作し、そのストーリーの一部は忘れられ、一部だけが現在に語り継がれている可能性も考えられる。ストーリーができあがっている伝統野菜のルーツに科学のメスを入れることは正しいことなのかどうか難しい問題である。その創作ストーリーも含めて伝統野菜を扱う方が賢明かもしれない。

「富松一寸そらまめ」の栽培圃場（小林保氏提供）

持続可能な伝統野菜の保存活動

尼崎での「武庫一寸そらまめ」と「富松一寸そらまめ」の栽培が衰退してきた原因の一つとして、「一寸そらまめ」の生産で十分な収入を得る仕組みを構築できなかったことが考えられる。伝統野菜のガイドブック配布やイベント開催などによって、保存活動は一時的には盛り上がるであろうが、資金的援助がないと保存活動は続けられない。外部からの資金援助がなければ伝統野菜を売って資金を稼ぐ必要があるが、都市部で栽培して採算がとれる品目は年間5回ほど栽培できるホウレンソウやコマツナのような葉物野菜か高価格で販売できるトマトやイチゴぐらいであろう。ソラマメのように栽培期間の長い野菜は圃場占有期間の割に収入が少なく、地価が高い都市部では採算がとれない。

一方、「岩津ねぎ」は保存活動が順調に継続している事例である。この理由の一つは間違いなく大規模なキャンペーンや販売活動、そして生産者の組織化によって産地が復活したことにある。「岩津ねぎ」の産地である朝来市は神戸や大阪などの都市部から遠いが、リタイヤ層や兼業農家が稲作経営との複合で「岩津ねぎ」を生産しても採算がとれる。兵庫県の農業試験場が研究を行い、生産が拡大して産地が活性化した伝統野菜は「岩津ねぎ」と「丹波黒大豆[7]」の2品目である。農家の所得向上、産地づくりのための作付面積拡大、生産性

「丹波黒大豆」とその収穫（小林保氏提供）

の向上のなど農業生産としての目標を達成してこそ、伝統野菜の保存が可能となる。

農業として採算がとれない都市部における伝統野菜の保存活動の中心的な役割を担うのは市民であると思われる。珍しい野菜や美味しい野菜を食べたい人、オーガニック栽培を楽しみたい人、パーマカルチャー的な考えの人など様々な人が既に伝統野菜とかかわっている。彼らと農家やＪＡなどをどのように結びつけるか、あるいは筆者のような伝統野菜の研究に携わる専門家が彼らとどうのように協働するかが、今後の伝統野菜の保存にとっては極めて重要になってくると考えている。

おわりに

伝統野菜が消失すると、その伝統野菜を構成している遺伝子だけではなく、栽培方法、タネの取り方、食べ方、調理・加工方法などその伝統野菜に関連するすべてのものが失われる。一度失われたものを復活させるのは極めて困難である。伝統野菜を保存し次世代に伝えることが本校に課せられた役割の一つであると感じている。

本章の執筆に多大なご協力をいただいた小林保氏にこの場を借りて御礼申し上げます。

【注】

（1）イネやコムギなど自家受精作物（雄しべからの花粉がその同じ株の雌しべに受粉して種子ができる作物のこと）の品種改良によく利用される方法。望ましい形質をもつ系統を交配して雑種を作り、それらを自家受粉させて得られた株からさらにタネを集めて株ごとの小系統を作る。この小系統を比較して優秀な系統を選択・固定していく。

（2）２０２２年に、都市部の生産緑地（農地）が自治体に向けて一斉に買い取り請求されることで引き起こされる様々な問題を指す。生産緑地の指定は１９９１年に始まり、都市部の生産緑地には、固定資産税や相続税についての優遇措置が与えられる代わりに、30年間の営農義務が課された。２０２２年になると30年間の営農義務から解除され、自治体に生産緑地の買い取りを求める声が大量に寄せられ、都市部の農地が大きく減少すると予測される。

（3）猪名川の岸辺に自生していたサトイモで、江戸時代には田能地区で栽培されていたという。栽培期間が長く稲の裏作にできないことや、連作できず数年ごとに畑を移さなければならないことなどから、市場に流通することがほとんどなく、農家が自家消費用にわずかに栽培するまで減少した。

（4）尼崎町南部の初島両新田地帯で栽培されていたとされるサツマイモ。

（5）植物の根元付近から新芽が伸びて株分かれすること。

（6）かつて東京都足立区を中心に栽培されていたもので、東日本でよく栽培されている根深ネギの代表的な品種である。

（7）丹波地方で古くから栽培されてきたダイズである。昭和50年半ばから水田転作品目として急拡大しており、平成29年度は兵庫県下で約１３９２haが栽培されている。

【参考文献】

（1）ひょうごの在来種保存会編（２０１６）「ひょうごの在来作物　つながっていく種と人」神戸新聞総合出版センター

（2）兵庫県立農業試験場編（1951）「兵庫の園芸」兵庫縣印刷所
（3）兵庫の野菜園芸編集委員会発行　県農林水産部監修（1985）「兵庫の野菜園芸」神戸新聞総合印刷

おわりに

「ランドスケープからの地域経営」の第二弾として出版の運びとなった「植物を活用した地域づくり～農業・景観・学び～」は、4つのものがたりと2つのコラムから成り立っています。

最初のストーリー、チャン・シェンリン博士らには、タイトな執筆の日程の中で、素晴らしい日本語の原稿を頂きました。また、2章の五斗長の弥生の森づくりの章では、地域の皆さんにご協力頂きながら、筆が進められました。3章の地域性を重視した環境教育の話題は、淡路市の小学校との協働でいまも進行中のプロジェクトです。そして、4章目は、まさに、これからの視点で伝統野菜を活用する手法を模索しています。いずれも、植物を用いて、未来の地域づくりの展望を見据えようとしています。また、植物園やだだちゃ豆のコラムによって、地域の新鮮な活力が表現されています。

本巻は、編集者と執筆者が互いに議論し、協力しあってまとめたものです。全巻の監修及び編集にお骨折りくださった皆さまに、大変お世話になりました。心より御礼申し上げます。

（林　まゆみ）

◉監修

中瀬 勲 兵庫県立淡路景観園芸学校学長、兵庫県立人と自然の博物館館長、兵庫県立大学名誉教授

大阪府立大学大学院農学研究科修士課程修了。同大学助手、講師、助教授、カリフォルニア大学客員研究員などを経て、兵庫県立自然系博物館（仮称）設立準備室、2013年より現在まで人と自然の博物館長。2018年より現職。
（社）日本造園学会会長、人間・植物関係学会副会長、兵庫県環境審議会委員、兵庫県都市計画地方審議会委員、（財）兵庫県高齢者生きがい創造協会理事、（財）丹波の森協会理事などを歴任するとともに、震災復興のまちづくりやNPOなどにかかわる。
兵庫県功労者表彰（2006）、日本公園緑地協会北村賞（2012）、日本博物館協会顕彰（2012）、日本造園学会上原敬二賞（2017）など多数受賞。著書にアメリカン・ランドスケープの思想（鹿島出版会）など多数。農学博士。

◉著者一覧（執筆順）

張　聖琳（チャン・シェンリン） 国立台湾大学工学院建築・都市農村研究科教授

台湾出身。「山不枯」茶栽培家。カリフォルニア大学バークレー校博士課程修了、2004年米国景観教育学会奨励賞、2000年からメリーランド大学講師・准教授を経て、現在は国立台湾大学建築与城郷研究所教授、前所長、アリババ新農村研究センター上級顧問。2015年に台北近郊の茶所・坪林で「山不枯」ブランド茶を立ち上げ、2017年国家知恵栄誉賞「卓越賞」など。博士。

蕭　閎偉（ショウ・コウジ）大阪市立大学大学院工学研究科都市系専攻講師

台湾台北市出身、内政部営建署など国家公務員を経て、東京大学大学院工学系研究科都市工学専攻博士後期課程、首都大学東京大学院都市環境科学研究科建築学域特任助教などを経て2017年から現職。大阪・東京・台北などの都市計画、まちづくり分野を中心に研究活動を展開。日本都市計画学会賞（2017）・論文奨励賞、日本建築学会奨励賞（2018）など。博士（工学）。

林まゆみ 兵庫県立淡路景観園芸学校／兵庫県立大学大学院緑環境景観マネジメント研究科教授

京都大学農学研究科博士課程を経て、コンサルタントとして公園や緑地、庭園などの計画、地域づくりなどに携わる。阪神・淡路大震災後はNPOなど、まちづくりの分野でさまざまな活動を展開。1999年から現職。日本造園学会賞（2002）。著書に生物多様性をめざすまちづくり（学芸出版社）、実践！コミュニティデザイン（彰国社）、みどりのコミュニティデザイン（学芸出版社）など。博士（農学）。

澤田佳宏 兵庫県立淡路景観園芸学校／兵庫県立大学大学院緑環境景観マネジメント研究科准教授

神戸大学大学院農学研究科修士課程修了後、建設コンサルタント会社に勤務。その後、岐阜大学大学院連合農学研究科博士課程を修了。兵庫県立人と自然の博物館を経て、2007年から現職。海岸植生や半自然草原の保全や、里の生物と人の関係について研究を行うほか、小学校での環境教育に取り組む。著書に大阪市立自然史博物館ミニガイド「瀬戸内海の海浜植物」（共著）など。博士（農学）。

札埜高志 兵庫県立淡路景観園芸学校／兵庫県立大学大学院緑環境景観マネジメント研究科講師

山口大学農学部を卒業後、京都大学大学院農学研究科、同研究科附属農場助手を経て、2011年より現職。園芸植物の開花特性や生産性、園芸が担う多面的な役割（環境保全や福祉などへの貢献）について研究を行っている。園芸学会奨励賞（2011）、農業生産技術管理学会賞（2017）。博士（農学）。

《column》

岩槻邦男 兵庫県立人と自然の博物館名誉館長／東京大学名誉教授
平　　智 山形大学農学部食料生命環境学科教授

ランドスケープからの地域経営　編集会議

赤澤宏樹、岩崎哲也（編集責任）、嶽山洋志、田淵美也子、
林まゆみ（編集責任）、光成麻美

ランドスケープからの地域経営《ちいきけいえい》 2

植物《しょくぶつ》を活用《かつよう》した地域《ちいき》づくり

～農業《のうぎょう》・景観《けいかん》・学《まな》び～

2019 年 3 月 31 日　第 1 刷発行

監　修　中瀬《なかせ》　勲《いさお》
編　集　林《はやし》まゆみ・岩崎哲也《いわさきてつや》
企　画　兵庫県立淡路景観園芸学校／
　　　　兵庫県立大学大学院緑環境景観マネジメント研究科
発行者　吉村一男
発行所　神戸新聞総合出版センター
　　　　〒 650-0044　神戸市中央区東川崎町 1-5-7
　　　　TEL 078-362-7140　　FAX078-361-7552
　　　　http://kobe-yomitai.jp/
印　刷　株式会社 神戸新聞総合印刷

ISBN978-4-343-01038-4　C0036